HISTOIRE STATISTIQUE

DE LA

POPULATION FRANÇAISE

CONFÉRENCE FAITE LE 9 MARS 1889

À l'Association française pour l'avancement des sciences

PAR

Le Dr ARTHUR CHERVIN

Membre du Conseil supérieur de statistique, etc., etc.

EXTRAIT DE LA REVUE SCIENTIFIQUE
des 29-30 juin, 13 juillet et 26 octobre 1889

PARIS

ADMINISTRATION DES DEUX-REVUES

BOULEVARD SAINT-MICHEL

—

1889

HISTOIRE STATISTIQUE

DE LA

POPULATION FRANÇAISE

Mesdames, messieurs,

Lorsqu'un général prend possession du commandement d'une armée, son premier soin est de savoir quelle est l'importance numérique des troupes placées sous ses ordres. Et aussitôt qu'il le peut, il va les inspecter pour connaître dans quelles conditions matérielles et morales elles se trouvent. Il sait en effet, par expérience, que des hommes mal vêtus, mal nourris, mal disciplinés, mal instruits, résistent mal à la fatigue et au choc de l'ennemi, et que la maladie fera parmi eux de très grands ravages. Il sait aussi que la misère est mauvaise conseillère, qu'elle influe puissamment sur le moral, qu'elle amène le découragement et qu'une troupe démoralisée est à moitié battue. Donc l'inspection à laquelle ce général se livre sert à le guider dans les mesures de toute sorte qu'il aura à prendre pour préparer ses troupes à la lutte.

Eh bien, le devoir qui s'impose aux chefs d'armée s'impose également aux législateurs et aux gouvernants.

C'est en effet à juste titre qu'un statisticien du siècle dernier, Sussmilch, comparait l'humanité à une armée en marche dont les rangs iraient toujours s'éclaircissant dans la bataille de la vie sans l'arrivée incessante de nouvelles et nombreuses recrues, c'est-à-dire des naissances.

Donc l'étude de la population — la démographie, puisqu'il faut l'appeler par son nom — est au premier chef une science qui doit retenir l'attention des économistes et des hommes d'État. Et je suis heureux de dire que l'intérêt qu'elle éveille dans les milieux gouvernementaux va toujours grandissant, en même temps que l'outillage statistique progresse et se perfectionne chaque jour.

I.

Dès l'origine des sociétés, nous voyons les chefs des agglomérations humaines se préoccuper de connaître le nombre de leurs sujets.

Le moyen dont ils se servaient pour arriver à cette notion, c'est le dénombrement. Mais il est juste de reconnaître que l'opération à laquelle on a procédé en France, le 30 mai 1886, n'a qu'une vague ressemblance avec celle qui s'exécutait dans les premiers siècles de l'histoire.

Le plus ancien dénombrement que nous connaissions d'une manière certaine est celui des Hébreux, fait d'abord avant la sortie d'Égypte, puis dans le désert, par Moïse et Aaron. On y trouva 603 000 hommes en âge de porter les armes et 650 000 en comptant la tribu de Lévi. C'est à ce dénombrement que l'un des sept livres du Pentateuque doit son titre : *Livre des nombres*. David fit aussi un dénombrement. Les tribus d'Israël comptaient de son temps 800 000 hommes en état de combattre et celles de Juda 500 000. On ne sait si les Grecs firent jamais de véritables dénombrements publics: mais à Rome le *lustre* fut institué par Servius Tullius. Cette enquête, qui était faite par le censeur, se faisait surtout au point de vue de la conduite et des mœurs des citoyens; elle devait avoir lieu tous les cinq ans. Auguste l'étendit à toutes les provinces de l'Empire, et on se souvient que c'est pour se faire inscrire au deuxième dénombrement ordonné par lui que Joseph et Marie se rendirent à Bethléem. Quelques voyageurs prétendent que les Chinois pratiquent le dénombrement de la population depuis un temps immémorial; mais nous n'en connaissons ni le détail ni les résultats (1).

Le premier exemple d'un recensement, fait au point de vue statistique tel qu'on le conçoit aujourd'hui, a été donné par Guillaume le Conquérant. Le *Domesday book* contient en effet la description des terres et le dénombrement des familles du royaume conquis.

Les premiers documents recueillis officiellement sur la population française remontent à Colbert. Ce grand ministre, mettant à exécution le projet conçu par Sully, fit procéder de 1663 à 1665 à une enquête sur l'état général des provinces du royaume.

Il va sans dire que cette enquête ne fut pas exécutée partout et qu'elle ne fut jamais achevée. Néanmoins elle avait provoqué chez Colbert des réflexions fort judicieuses sur la nécessité de remédier à la dépopula-

---

(1) D'après M. d'Hervey de Saint-Denis, professeur au Collège de France, le plus ancien dénombrement de la population en Chine remonte au vingt-troisième siècle avant Jésus-Christ. Le second qui nous soit conservé n'eut lieu que mille ans plus tard; mais, à partir du douzième siècle avant notre ère, les dénombrements relatés se succèdent sans interruption jusqu'à nos jours, à des intervalles assez rapprochés. Ils ne sont jamais faits en nombres ronds, d'une façon approximative, mais toujours par chiffres précis, ne négligent pas même l'unité, ce qui indique évidemment un recensement régulier. (Maurice Bloch, *Traité théorique et pratique de statistique.*)

tion qui était constatée de toutes parts. Il soumit au roi,
en 1665, un mémoire intitulé : *Plan ou projet de la conduite que le Roi peut et doit tenir pour la réformation de
la justice.*

Un an plus tard, Colbert, mettant à exécution les
idées contenues dans son mémoire, faisait rendre l'édit
de novembre 1666 qui accordait l'exemption de la col-
lecte et des autres charges publiques aux pères de dix
enfants, celle des tailles aux pères de douze enfants;
et l'édit de décembre de la même année prohibait
l'accroissement des communautés religieuses.

Mais la première de ces lois, celle que Forbonnais
considérait comme « un des plus beaux monuments
de l'administration de Colbert, quoique susceptible de
recevoir quelques perfections dans son exécution », fut
rapportée le 13 janvier 1683.

En 1697, les précepteurs du duc de Bourgogne,
Fénelon, Fleury et de Beauvilliers, parvinrent à décider Louis XIV à prescrire une nouvelle enquête sur la
situation économique, politique et morale du pays dans
le but de compléter l'éducation d'homme d'État de
l'héritier présumé du grand roi.

Un questionnaire assez détaillé avait été rédigé par
les soins de M. de Beauvilliers et les questions de population ne furent pas oubliées. Il en est une qui nous
intéresse particulièrement, c'est la suivante : *Examiner
si le peuple a été autrefois plus nombreux, les causes de la
diminution.*

Voici ce qu'on lit sur cette importante question dans
le mémoire de la généralité de Paris, mémoire rédigé
en grande partie par Pierre Roland, trésorier de France
au bureau des finances de Paris, et subdélégué de l'in-
tendance :

« Le peuple a été autrefois plus nombreux dans la
généralité de Paris qu'il n'est présentement. C'est un
fait constant : la preuve s'en tire des registres anciens

des villes et des rôles des tailles des paroisses qui contiennent le nombre des feux, lesquels comparés à ceux d'aujourd'hui, la diminution s'y trouve assez considérable.

« Il y a deux élections, Mantes et Étampes, dans lesquelles on trouve, par cette comparaison, que le peuple est diminué presque de la moitié. Les causes de la diminution, outre celles qui sont communes à toutes les autres élections, sont, à l'égard de Mantes, la mauvaise récolte des vins depuis quatre ou cinq ans, qui fait le principal revenu du pays ; et à l'égard d'Étampes, la cessation du commerce par la rivière d'Étampes et par charrois venant d'Orléans, causée depuis l'établissement du canal de Briare.

« Dans les autres élections de la généralité, le peuple est diminué ou d'un tiers ou d'un quart. Les causes générales de cette diminution sont : la guerre, la mortalité de l'année 1693, la cherté des vivres et les impositions extraordinaires. Les causes particulières sont : les logements et les passages fréquents des gens de guerre pour les villes et lieux qui sont sur leur route, la sortie des religionnaires hors le royaume, la retraite des habitants ès villes franches de Paris, Chartres et autres.

« Comme la principale force du royaume consiste autant au nombre d'hommes que dans l'abondance des richesses, on ne peut trop donner attention à réparer la diminution qui est survenue depuis vingt ans ; les revenus du roi augmenteront ou diminueront à proportion que le nombre de ses sujets sera plus ou moins grand. Les moyens les plus efficaces qu'on pourrait proposer pour le rétablir ou l'augmenter seraient de se servir des voies opposées aux causes de la diminution, dont le principal serait de faire vivre les peuples un peu à leur aise : les commodités de la vie font que les enfants sont mieux nourris et s'élèvent avec plus de force. La paix (de Ryswick) qu'il a plu au roi de donner à ses peuples commence à leur faire sentir ses douceurs par la cessation de plusieurs impositions extraordinaires. On pourrait encore, par quelques privilèges, exciter les jeunes gens à se marier, en les faisant jouir, à l'imitation des Romains et suivant la disposition des ordonnances, de l'exemption des tailles jusqu'à l'âge de vingt-cinq ans; et pour les y porter davantage, on pourrait y ajouter que ceux qui auraient atteint l'âge de vingt et un ou vingt-deux ans sans s'être mariés et qui feraient commerce ou auraient des droits acquis de père et mère, y seraient imposés. On pourrait aussi ordonner aux supérieurs des monastères de ne recevoir de religieux ou religieuses à profession qu'à l'âge de vingt-cinq ans pour les hommes et de vingt ans pour les filles. »

Cette enquête de 1697 fut achevée en 1700 et les manuscrits envoyés à la cour, qui, non seulement ne les fit jamais imprimer, mais encore qui fit tout pour que les résultats de cette enquête demeurassent inconnus.

Mais cette conspiration du silence ne faisait pas l'affaire de Vauban.

Dans ses continuelles pérégrinations à travers la France, pour construire des fortifications, Vauban faisait des études approfondies sur tout ce qu'il voyait, sur tout ce qui se passait autour de lui. Il aimait à se rendre compte de tout, et son historien G. Michel affirme même qu'il ne quittait jamais une province sans laisser un questionnaire aux mains de l'intendant.

Vauban, dont les investigations furent, à n'en pas douter, un des points de départ de l'enquête de 1697 et qui très probablement rédigea même plusieurs réponses du questionnaire, est le premier qui ait utilisé les renseignements fournis par les intendants. Et, dans les premières années du xviiiᵉ siècle, il se reposait de ses glorieuses campagnes en écrivant la *Dixme royale* qui parut pour la première fois, sans nom d'auteur, en 1707. Il estimait alors la population de la France à 19 millions environ.

La précaution prise par Vauban de publier son écrit sous le voile de l'anonymat n'était pas inutile. En effet, le livre avait à peine paru que, par ordonnance du roi, la *Dixme royale* fut saisie, confisquée et mise au pilori.

Vauban avait en effet trop bien utilisé et ce qu'il avait vu et ce qu'avaient rapporté les intendants. Voici en effet ce qu'il écrivait :

« Par toutes les recherches que j'ai pu faire depuis plusieurs années que je m'y applique, j'ai fort bien remarqué que, dans ces derniers temps, près de la dixième partie du peuple est réduite à la mendicité et mendie effectivement. Que des neuf autres parties, il y en a cinq qui ne sont pas en état de faire l'aumône à celle-là parce qu'eux-mêmes sont réduits, à très peu de chose près, à cette malheureuse condition. Des quatre autres parties qui restent, trois sont fort malaisées et embarrassées de dettes et de procès. Enfin, dans la dixième, où je mets tous les gens d'épée, de robe, ecclésiastiques et laïques, toute la noblesse haute, la noblesse distinguée et les gens en charge militaire et civile, les bons marchands, les bourgeois rentés et les plus accommodés, on ne peut pas compter sur cent mille familles. Et, je ne croirai pas mentir quand je dirai qu'il n'y en a pas dix mille petites ou grandes qu'on puisse dire être fort à leur aise. »

Il faut convenir que le tableau n'est pas flatteur. Aussi Louis XIV, qui pensait probablement que toutes vérités ne sont pas bonnes à dire, tint-il rancune à son vieux et glorieux serviteur.

« Dès ce moment, dit Saint-Simon, les services de

Vauban, sa capacité militaire unique en son genre, ses vertus, disparurent aux yeux de Louis; il ne vit plus en lui qu'un insensé pour l'amour du bien public, un criminel qui attentait à l'autorité de ses ministres et par conséquent à la sienne. »

La connaissance du chiffre de la population préoccupa, après Vauban, beaucoup d'autres politiques. En 1766, Messance attribuait à la France 23 millions d'habitants; de Necker, en 1784, l'estimait à 25 millions et Yung à 26 millions, en 1790. Mais tous ces chiffres ne sont basés sur aucun document sérieux et ne peuvent être considérés que comme de simples évaluations qui s'appuient, du reste, presque toutes sur l'enquête de 1697.

La Constituante, la Convention essayèrent vainement à plusieurs reprises d'obtenir des dénombrements dont elles avaient le plus pressant besoin, soit pour la fixation des taxes, soit pour l'organisation administrative de la France, soit pour la détermination du nombre des députés. Vains efforts. Tant que l'administration départementale ne fut pas solidement établie, il fut impossible d'obtenir des renseignements pour la totalité du territoire.

Le 26 floréal an VIII, le ministre de l'intérieur Lucien Bonaparte adresse à tous les préfets une circulaire dans laquelle nous relevons les phrases suivantes : « Depuis l'an IV, l'administration générale a fait des efforts inutiles pour se procurer des états complets de la population de la France... J'espère que je n'aurai point à me plaindre désormais d'une négligence semblable à celle qui a empêché jusqu'ici que l'administration eût sous les yeux des tableaux complets. »

Ce dénombrement exécuté un peu à la légère fixa la population à 27 millions environ. Cinq ans après, en 1806, un autre dénombrement exécuté, celui-là, avec beaucoup plus de soin, accuse une population de

29 107 425, soit un accroissement de 1 758 422 sur le chiffre de 1801. Cette augmentation énorme confirme le dire de nombre de statisticiens érudits qui pensent que le chiffre de 1801 est erroné.

Sans entrer dans le détail des opérations du dénombrement qui se sont opérées à peu près régulièrement de cinq ans en cinq ans, je me contenterai de citer les résultats de quelques-uns d'entre eux qui se présentent dans les meilleures conditions d'exactitude, en prenant celui de 1801 comme point de départ, malgré son inexactitude reconnue :

POPULATION DE LA FRANCE, D'APRÈS LES DÉNOMBREMENTS OFFICIELS.

Années des dénombrements.	Nombres absolus.	Années des dénombrements.	Nombres absolus.
1801. . . .	27 349 003	1851. . . .	35 783 170
1806 . . .	29 107 425	1856. . . .	36 039 364
1821. . . .	30 461 875	1861. . . .	37 386 313
1826. . . .	31 858 937	1866	38 067 064
1831. . . .	32 569 223	1872	36 102 921
1836. . . .	33 540 910	1876	36 905 788
1841. . . .	34 230 178	1881. . . .	37 672 048
1846. . . .	35 400 486	1886. . . .	38 218 903

A ne considérer que les chiffres que je viens de donner, il semblerait que la population de la France a augmenté de près de 11 millions et demi pendant les 85 années qui se sont écoulées de 1801 à 1886, soit une augmentation annuelle de 127 881 en moyenne. Mais, en réalité, depuis le commencement du siècle, les frontières françaises ont bien souvent changé, hélas! de limites. Si bien que, pour apprécier d'une manière exacte l'augmentation de la population, il faudrait ramener les résultats des précédents dénombrements au territoire actuel de la France. C'est ce qu'a fait M. Loua, et voici les chiffres auxquels il est arrivé :

POPULATION DE LA FRANCE SUR SON TERRITOIRE ACTUEL.

Années des dénombrements.	Nombres absolus.	Nombres propor- tionnels.	Taux annuel de l'accroissement pour 1000.
1801.	26 930 756	1000	»
1821.	29 871 176	1110	5,4
1841.	33 406 864	1241	5,9
1861. . . .	35 844 902	1331	3,7
1881.	37 672 048	1400	2,5
			4,9

Ce tableau nous montre d'abord que l'augmentation annuelle moyenne est de 134 216 et non pas de 127 000 seulement, comme on pourrait le croire si on ne considérait que les chiffres bruts des dénombrements sans tenir compte des changements survenus dans le territoire.

Nous voyons encore que la marche de la population française a été aussi régulière que possible, puisqu'en ramenant la population à 1000, en 1801, nous lui voyons suivre une progression arithmétique régulière 10, 11, 12, 13, 14, de sorte que, pour arriver à la période du dédoublement, il nous faut encore six périodes de vingt ans. Ce n'est donc qu'en l'an de grâce 2001 que la population française aura un chiffre de population double de celui qu'elle avait au commencement de ce siècle.

Mais il ne faut même pas compter que nous y arrivions en l'an 2001, car le tableau nous présente un symptôme inquiétant sur lequel il faut encore appeler l'attention : c'est la diminution progressive du taux annuel de l'accroissement.

Les résultats du dénombrement de 1886 nous permettent de calculer ce que sera devenue la population de la France dans une autre période de vingt ans, c'est-à-dire en 1901.

La population de la France en 1886 était de 38 218 903,

avec une augmentation de 546 855 sur la précédente période quinquenale. Dans l'hypothèse, plus que vraisemblable, que cette augmentation sera sensiblement la même pour les trois autres périodes suivantes, nous multiplions par 4 l'augmentation de population constatée en 1886 sur le dénombrement de 1881. Nous voyons donc qu'en 1901 l'augmentation de la population par rapport à 1881 sera de 546 855 × 4, soit 2 187 420. Si nous comparons maintenant ce chiffre à celui de 1801 ramené à 1000, nous voyons que l'augmentation proportionnelle ne sera que de 1480 et non pas de 1500, comme elle devrait l'être si la proportion arithmétique présentée pour les quatre premières périodes de vingt ans s'était continuée.

On voit par là qu'il nous faut ajourner encore à des temps indéterminés de voir la France à la tête du double de la population qu'elle possédait au commencement du siècle.

C'est là un symptôme fâcheux pour notre pays, car, tandis que notre population s'accroît avec une lenteur désespérante, les autres pays pullulent à qui mieux mieux, ainsi qu'en témoigne le tableau suivant :

AUGMENTATION ANNUELLE GÉOMÉTRIQUE PAR 1000 HABITANTS.

		Pour 1000.		
Grèce	(1861-82)	12,61		
Hollande	(1859-83)	10,23		
Danemark	(1860-83)	10,13		
Royaume-Uni de la Grande-Bretagne et de l'Irlande	(1861-84)	9,33	Angleterre et pays de Galles	13,20
			Écosse	10,19
			Irlande	6,83
Empire allemand	(1861-83)	8,42	Saxe royale	14,92
			Prusse	9,44
			Thuringe (1867-83)	8,29
			Bade	7,26
			Bavière	7,10
			Wurtemberg	6,92
			Alsace-Lorraine (1861-82)	0,39

		Pour 1000.
Belgique	(1860-83)	8,38
Autriche . . . · · · . .	(1860-83)	7,69
Suède.	(1860-83)	7,69
Norvège.	(1860-83)	7,63
Portugal	(1861-78)	7,03
Italie.	(1861-84)	6,99
Suisse . . . ·	(1860-83)	6,20
Hong i	(1860-80)	4,76
Espagne	(1860-83)	3,31
France	(1861-81)	2,52

La conséquence de tout cela, c'est que, comme le disait ici même M. Rochard : « La France ne représente plus que le dixième de la population de l'Europe, tandis qu'il y a deux siècles elle en constituait plus du tiers. Dans cinquante ans, si cela continue, nous n'en formerons plus que le quinzième, et nous serons tombés au septième rang parmi les petits États avec lesquels on ne compte plus. » C'est là une triste perspective qui nous est révélée par la statistique.

Jusqu'ici je m'en suis tenu à des considérations générales sur les fluctuations de la population de la France.

Passons à l'étude des départements et jetons tout d'abord un coup d'œil rétrospectif sur chacun d'eux.

Pour rendre la comparaison plus facile, il faut ramener à 1000 la population de chaque département en 1801 et nous verrons ce qu'elle sera devenue en 1886.

Voici les résultats de ce calcul :

Tableau montrant dans quelle proportion les départements ont varié de 1801 à 1886.

La population étant ramenée à 1000 en 1801, qu'est-elle devenue en 1886 ?

DÉPARTEMENTS MOINS PEUPLÉS EN 1886 QU'EN 1801.

Eure	894	Calvados.	969
Orne	929	Jura	975
Tarn-et-Garonne. . . .	949	Manche.	981
Lot-et-Garonne.	949	Haute-Saône.	997
Basses-Alpes.	966		

DÉPARTEMENTS QUI ONT AUGMENTÉ.

1re *catégorie*. — Augmentation de 1017 à 1239.

Gers.	1017	Côte-d'Or.	1119
Lot	1037	Sarthe.	1125
Haute-Savoie.	1072	Puy-de-Dôme.	1128
Savoie.	1079	Oise.	1150
Meuse.	1083	Ain	1158
Hautes-Alpes.	1091	Charente-Inférieure.	1159
Haute-Marne.	1093	Seine-et-Marne.	1188
Cantal.	1096	Somme.	1197
Eure-et-Loir	1106	Dordogne.	1201
Yonne.	1111	Ariége.	1209
Mayenne.	1113	Basses-Pyrénées.	1218
Aube.	1114	Charente.	1225
Lozère.	1116		

2e *catégorie*. — Augmentation de 1240 à 1462.

Côtes-du-Nord	1250	Corrèze.	1342
Vaucluse.	1262	Hautes-Pyrénées	1342
Indre-et-Loire.	1267	Landes.	1348
Ille-et-Vilaine.	1272	Alpes-Maritimes.	1351
Aveyron	1279	Seine-Inférieure.	1367
Ardennes.	1280	Saône-et-Loire	1383
Aisne	1304	Gard.	1391
Creuse.	1308	Haute-Loire.	1395
Loiret.	1308	Haute-Garonne	1396
Var	1310	Maine-et-Loire	1405
Tarn.	1325	Marne.	1410
Loir-et-Cher	1330	Ardèche	1410
Isère.	1333	Vienne.	1422
Morbihan.	1334	Doubs.	1441
Vosges.	1338	Indre.	1445
Drôme.	1339	Deux-Sèvres.	1461

3e *catégorie*. — Augmentation de 1463 à 1684.

Seine-et-Oise.	1468	Gironde	1550
Aude.	1469	Hérault.	1598
Haute-Vienne.	1481	Finistère.	1613
Nièvre.	1497	Cher.	1635
Meurthe-et-Moselle	1527		

4e catégorie. — Augmentation de 1685 à 1907.

Pas-de-Calais.	1688	Haut Rhin	1751
Allier	1703	Vendée	1786
Corse	1726	Pyrénées-Orientales.	1907
Loire-Inférieure	1744		

5e catégorie. — Augmentation de plus du double.

Loire	2081	Rhône	2582
Bouches-du-Rhône	2120	Seine	4695
Nord	2184		

Ainsi qu'on pouvait le prévoir, c'est la prospérité ou la décadence des agglomérations urbaines qui commandent les variations subies par nos départements.

Et, en résumé, la population a augmenté :

Du quadruple dans	1 département.
Du double	4 départements.
De plus de 50 pour 100	12 —
De 30 à 50 pour 100	30 —
De 15 à 30 pour 100	15 —
De moins de 15 pour 100	16 —
Elle a diminué dans	9 —

La comparaison attentive des variations subies, d'un dénombrement à l'autre, par chaque département, est extrêmement intéressante. Mais, pour que nos points de comparaison soient plus sensibles, je considérerai seulement les variations successives éprouvées par chaque département depuis 1872 seulement.

Les départements peuvent se classer en quatre catégories : les départements qui ont constamment augmenté de 1872 à 1886; 2° ceux qui ont constamment diminué; 3° ceux qui ont tantôt augmenté, tantôt diminué, mais qui, en 1886, ont présenté une augmentation comparativement à 1872; 4° enfin ceux dont les oscillations diverses se sont terminées en 1881 par une diminution sur le chiffre de 1872.

Pour ne pas reproduire ici les longues colonnes des chiffres absolus qu'il nous a fallu établir, je me contenterai dans le tableau suivant de donner le pourcentage de l'augmentation ou de la diminution :

Tableau montrant dans quelle proportion les départements ont varié de 1872 à 1886.

DÉPARTEMENTS DONT LA POPULATION A CONSTAMMENT AUGMENTÉ DE 1872 A 1886.

	Proportion pour 100.		Proportion pour 100.
Haute-Savoie	0,72	Corrèze	7,84
Nièvre	2,42	Vendée	8,31
Aveyron	3,31	Allier	8,64
Hautes-Alpes	3,38	Bouches-du-Rhône	9,00
Haute-Loire	3,67	Morbihan	9,15
Creuse	3,74	Loire	9,58
Loir-et-Cher	3,87	Gironde	10,02
Seine-et-Marne	3,99	Pyrénées-Orientales	10,07
Saône-et-Loire	4,60	Finistère	10,08
Ille-et-Vilaine	5,40	Marne	11,22
Seine-Inférieure	5,48	Pas-de-Calais	12,13
Cher	5,92	Haute-Vienne	12,63
Loiret	6,19	Rhône	15,31
Indre	6,64	Nord	15,36
Doubs	6,76	Aude	16,14
Deux-Sèvres	6,79	Meurthe-et-Moselle	18,22
Loire-Inférieure	6,92	Alpes-Maritimes	19,60
Vienne	6,92	Seine	33,37
Indre-et-Loire	7,53	Belfort	40,46
Corse	7,73		

DÉPARTEMENTS DONT LES OSCILLATIONS QUINQUENNALES SE TERMINENT EN 1886.

1° *Par une augmentation :*

	Proportion pour 100.		Proportion pour 100.
Ain	0,30	Eure-et-Loir	0,38
Haute-Garonne	0,37	Aisne	0,63

	Proportion pour 100.		Proportion pour 100.
Aube	0,65	Côte-d'Or	1,88
Puy-de-Dôme	0,79	Hérault	2,22
Landes	0,94	Dordogne	2,51
Côtes-du-Nord	0,95	Meuse	2,54
Isère	1,02	Ardennes	3,91
Basses-Pyrénées	1,47	Cantal	4,25
Oise	1,59	Lozère	4,49
Tarn	1,71	Vosges	5,27
Maine-et-Loire	1,77	Seine-et-Oise	6,53

2° *Par une diminution :*

	Proportion pour 100.		Proportion pour 100.
Hautes-Pyrénées	0,14	Drôme	1,81
Savoie	0,19	Jura	2,20
Charente	0,30	Mayenne	3,01
Charente-Inférieure	0,61	Var	3,42
Gard	0,72	Lot	3,51
Ardèche	1,26	Haute-Saône	4,00
Haute-Marne	1,35		

DÉPARTEMENTS DONT LA POPULATION A CONSTAMMENT DIMINUÉ DE 1872 A 1886.

	Proportion pour 100.		Proportion pour 100.
Somme	1,44	Calvados	3,68
Yonne	2,25	Lot-et-Garonne	3,71
Vaucluse	2,26	Manche	4,38
Sarthe	2,34	Eure	5,04
Tarn-et-Garonne	3,41	Basses-Alpes	7,06
Ariège	3,52	Orne	7,78
Gers	3,62		

Il résulte de ce tableau que soixante et un départements étaient plus peuplés en 1886 qu'en 1872 et que vingt-six seulement étaient moins peuplés en 1886 qu'ils ne l'étaient après la guerre. Il faut remarquer que ces augmentations dans la population totale du département tiennent à une foule de causes, parmi lesquelles je me bornerai à signaler l'augmentation par l'immigration ou par excédent des naissances sur les décès et inversement. Nous verrons tout à l'heure que les départements dont la population va continuellement en diminuant sont précisément ceux qui ont le moins d'enfants par famille, et qu'un grand nombre de ceux dont la population augmente sont également dans ce cas. Pour les premiers, c'est à l'excédent des décès sur les naissances qu'est due en partie la diminution; pour les derniers, c'est surtout à l'immigration qu'il faut rapporter leur augmentation.

II.

Si je ne craignais de fatiguer votre attention, je vous parlerais des très nombreux enseignements qu'on peut tirer du dénombrement relativement à la composition de la population par sexe, âge, état civil, profession, etc., etc.; mais j'ai hâte d'arriver à ce qui est la caractéristique du dernier dénombrement : je veux parler de l'enquête faite sur le nombre des enfants par famille.

Il y a longtemps déjà que des économistes et des hommes d'État ont signalé la faiblesse de l'accroissement de la population française, et je vous ai montré tout à l'heure que, tandis qu'en France l'augmentation annuelle géométrique est de 2,52 par 1000 habitants, elle est en moyenne de 8 dans les pays allemands.

Mais s'il est facile de connaître l'existence du mal, il est plus difficile d'en trouver les causes et d'en mesurer l'étendue.

Trois causes principales peuvent être invoquées pour expliquer la faiblesse de l'accroissement de la population française : 1° une forte mortalité; 2° une faible nuptialité; 3° une faible natalité.

2

Voyons, pour chacune de ces hypothèses, dans quelles conditions se trouve la France par rapport aux autres pays.

Les statistiques montrent que ce n'est pas à un excès de mortalité qu'est dû le faible accroissement de notre population. En effet, tandis qu'en France la mortalité générale est de 23 pour 100, elle est de 25 en Hollande, de 27 en Prusse et dans l'empire d'Allemagne, de 30 en Espagne et en Italie, de 31 en Autriche et de 39 en Hongrie.

Ce n'est pas non plus dans le petit nombre des mariages contractés en France qu'il faut chercher la solution du problème, car ce qui se passe en France à cet égard ne diffère pas sensiblement de ce qui se passe ailleurs.

En effet, sur 1000 femmes non mariées de plus de quinze ans, combien y a-t-il de mariages dans les pays suivants :

Irlande 21, Suède 33, Belgique 36, Suisse 36, Grèce 39, Norvège 39, France 44, Allemagne 46, Pays-Bas 46, Autriche 46, Angleterre 46, Italie 47, Danemark 47, Hongrie 70.

Reste donc à examiner l'hypothèse de la faiblesse de la natalité par suite du peu de fécondité des mariages. Malheureusement les documents statistiques manquaient jusqu'à ces derniers temps.

Pour étudier avec quelque précision ce problème, il fallait se contenter d'une approximation obtenue par des moyens détournés. Pour apprécier la natalité des unions légitimes, on était obligé de comparer les naissances légitimes au nombre des femmes mariées en âge de procréer.

C'est ainsi que sur 1000 femmes de 15 à 50 ans, le nombre des naissances vivantes annuelles est de : en France 102, en Irlande 114, en Belgique 127, en Angleterre 136, dans les Pays-Bas 137, en Espagne 141, en Prusse 150.

Mais cette méthode ne pouvait fournir que des indications très approximatives. Il n'y avait qu'un moyen qui permît de trouver la solution de ce problème, c'était de faire une enquête directe sur le nombre des enfants existant dans chaque famille.

C'est ce qu'on a fait en 1886, pour la première fois en France et je puis même dire dans le monde entier.

Donc, lors du dénombrement de la population effectué sur tout le territoire de la République le 30 mai 1886, il a été posé la question suivante sur les bulletins remis individuellement à chaque habitant : « Combien avez-vous d'enfants actuellement vivants? »

La note explicative suivante, imprimée au verso du bulletin, indiquait de quelle manière il devait être répondu à cette question :

« Le chef de famille (le mari dans les ménages, la femme si elle est veuve) inscrira en regard de cette question le nombre d'enfants légitimes actuellement vivants (présents et absents, quel que soit leur âge) et issus tant du mariage subsistant que des mariages antérieurs, s'il y a lieu. »

Avant d'aller plus loin, il importe de rechercher quelle valeur peut avoir le renseignement demandé, quel parti on peut en tirer, et enfin si cette question doit être modifiée lors du prochain dénombrement de 1891.

On remarquera tout d'abord que la question : « Combien avez-vous d'enfants actuellement vivants? » n'a été posée qu'aux personnes mariées; mais il n'y aurait rien d'étonnant à ce que des personnes non mariées y aient répondu. Il y a, en effet, surtout dans les grandes villes, un grand nombre de personnes qui vivent dans un état de concubinage de plus ou moins longue durée, qui est connu des voisins, avoué par les concubins eux-mêmes.

Mais, à côté de ceux-là, il y a un grand nombre de concubins qui, aux yeux de leurs voisins, passent pour mariés et qui n'ont pas manqué, le jour du recensement, de se faire porter comme mariés et d'indiquer leurs enfants comme légitimes.

M. Bertillon père avait estimé leur nombre à 100 000 pour la ville de Paris. De même il y a aussi un certain nombre de filles-mères qui, le jour du dénombrement, se sont très probablement fait inscrire femmes veuves avec enfants.

Nous signalerons encore une cause d'erreur qui a plus d'importance que la précédente et qui réside dans la rédaction de la notice explicative qui accompagnait la question.

Il est dit, en effet, dans cette note, que le chef de famille doit seul répondre à cette question : « Combien avez-vous d'enfants légitimes actuellement vivants? »

Il est regrettable qu'on n'ait cru devoir demander qu'au chef de famille seulement le nombre des enfants actuellement vivants issus du mariage. D'une part, il peut arriver qu'un homme ayant épousé une veuve avec des enfants néglige d'inscrire les enfants de sa femme.

D'un autre côté, il se peut que le chef de famille ait été absent du domicile conjugal le jour du dénombrement, et qu'il ait rempli son bulletin alors que sa femme remplissait aussi, de son côté, le sien. Ils ont donc fait connaître, chacun de leur côté, le nombre des enfants vivants issus du mariage, ce qui fait double emploi. Mais ce que je regrette le plus, c'est qu'il n'y a pas moyen de contrôler les dires des recensés.

Il en eût été autrement si on eût demandé à chacun des époux combien ils ont d'enfants. La moitié du nombre des enfants déclarés aurait naturellement donné le nombre des enfants par famille. On eût pu ainsi contrôler si les déclarations des hommes mariés coïncidaient avec les déclarations des femmes mariées et apprécier, par suite, le degré de confiance qu'on peut accorder aux chiffres recueillis.

Dans une enquête aussi considérable, il ne faut jamais négliger de créer des moyens de contrôle pour s'assurer de l'exactitude des réponses faites.

Somme toute, ce sont là les seules objections qu'on puisse relever à l'encontre de l'exactitude des renseignements fournis par le questionnaire, et on voit que les critiques sont en réalité de peu d'importance et qu'elles n'ont pas dû sensiblement entacher d'erreur cette colossale opération qui a porté sur près de dix millions et demi de familles.

On peut donc parfaitement prendre comme base d'une étude scientifique sérieuse l'enquête faite sur le nombre des enfants par famille lors du dénombrement de 1886.

Nous désirons donc que la question soit non seulement maintenue au prochain dénombrement, mais encore complétée par l'indication de la date du mariage, afin qu'on puisse distinguer parmi ceux qui n'ont qu'un ou deux enfants, ou qui n'en ont point, ceux auxquels la durée de leur mariage n'a pas permis d'en avoir davantage. Enfin, nous exprimons le vœu que les deux époux répondent à la question en indiquant le nombre des enfants vivants ou décédés issus de leur mariage.

En attendant l'exécution de ces *desiderata*, voyons le résultat du dépouillement des bulletins.

Les familles françaises se classent de la manière suivante :

1°	2 073 205	n'ont pas d'enfant vivant, soit	200	pour 1000.
2°	2 542 611	ont 1 enfant,	244	—
3°	2 265 317	2 enfants,	218	—
4°	1 512 054	3 —	145	—
5°	936 853	4 —	90	—
6°	549 693	5 —	52	—
7°	313 400	6 —	29	—
8°	232 188	7 enfants et plus,	22	—
	10 425 321		1000	—

Ce petit tableau est très instructif, bien qu'il embrasse la France entière. Il nous montre, en effet, que les familles sans enfant sont aussi nombreuses que les familles qui ont 4 enfants et plus. Enfin nous voyons déjà que la moyenne des enfants vivants dans chaque ménage est de 2 seulement (exactement 2,07).

Le nombre très restreint d'enfants par ménage, venant corroborer les résultats fournis par le calcul des naissances légitimes vivantes en fonction des femmes mariées de 15 à 50 ans, montre bien que c'est au peu de fécondité des mariages qu'est due la faiblesse de l'accroissement de notre population.

Ce chiffre de 2 enfants par famille est d'une faiblesse véritablement inquiétante au point de vue de l'avenir et du développement de la France ; il nous reporte à dix siècles en arrière.

Il paraît résulter, en effet, du polyptique de l'abbé Irminon, ou dénombrement des manses des serfs et des revenus de l'abbaye de Saint-Germain-des-Prés, et du polyptique d'Hincmar relatif aux domaines de l'église de Reims, qu'il n'y avait, sous le règne de Charlemagne, sur les territoires appartenant à ces églises, que 2 enfants en moyenne par ménage. C'est à peu près la même proportion que nous retrouverons tout à l'heure pour les régions correspondantes aux domaines de chacune de ces églises.

On voit donc, comme le fait très justement remarquer M. Levasseur, « que les textes connus du ixᵉ siècle, loin d'autoriser l'opinion que les familles étaient nombreuses dans la Gaule carlovingienne, sont de nature à nous faire croire plutôt le contraire ».

Mais revenons aux temps actuels.

Nous allons voir maintenant comment se fait dans chaque département la répartition géographique du nombre des enfants par famille. Je ne veux pas entreprendre en ce moment cette répartition pour chacune des huit catégories indiquées plus haut. Cela nous prendrait trop de temps, et ceux que cette étude pourrait intéresser la trouveront tout au long dans le volume de l'*Association française pour l'avancement des sciences;* je me bornerai à considérer ici trois groupes constitués de la manière suivante :

1° Ménages n'ayant pas d'enfant ou n'en ayant qu'un ;

2° Ménages ayant 2 ou 3 enfants ;

3° Ménages ayant 4 enfants et plus.

Néanmoins, avant d'aborder cette étude, je tiens à donner quelques explications sur les familles dites sans enfant.

Familles n'ayant pas d'enfant. — Le dénombrement de 1886 accuse un total de 2 073 205 familles n'ayant pas d'enfant légitime vivant.

C'est là un chiffre considérable qui nous indique que le quart des ménages n'a pas d'enfant, mais cela ne veut pas dire que le quart des ménages soit stérile.

Il est donc bon d'examiner ce que représente ce chiffre avant de l'accepter.

Il va sans dire, en effet, qu'on ne peut pas accuser d'infécondité les ménages constitués dans les neuf mois qui ont précédé le dénombrement. On ne peut pas non plus adresser le même reproche aux ménages de l'année précédente qui n'avaient pas d'enfants vivants au jour du dénombrement, parce que la mort avait renversé les berceaux de leurs premiers-nés.

Malheureusement nous ne trouvons, ni dans le dénombrement ni dans la statistique annuelle de la population, des documents permettant de défalquer ces nombreux ménages qui avaient de bonnes excuses pour justifier l'absence d'enfants au jour du dénombrement.

Mais si nous manquons de documents positifs pour faire ce calcul rigoureux, nous pouvons cependant l'établir approximativement au moyen de documents puisés dans la statistique démographique de la ville de Paris, si habilement dirigée par mon ami M. Jacques Bertillon.

Nous trouvons, en effet, dans l'*Annuaire statistique de la ville de Paris* qu'en cinq ans, de 1882 à 1886, sur 48 710 déclarations positives recueillies au moment de la mort d'un des époux, 2114 ménages, soit 4 pour 100, n'avaient jamais eu d'enfant, et 4901 ménages, soit 10 pour 100, après avoir eu 1, 2, 3, 4, 5, 6, 7 enfants, les avaient tous perdus, et par conséquent figuraient dans le dénombrement comme ménages sans enfant.

Si nous appliquons cette proportion à la totalité des ménages français, nous voyons que sur 10 425 321 ménages, il y en a 1 042 532 qui, après avoir eu des enfants, les avaient tous perdus.

Si donc nous retranchons ce nombre de 1 042 532 familles qui n'ont plus d'enfant, mais qui en ont eu, du nombre de 2 073 205 familles recensées comme ménages sans enfant, nous trouvons qu'il n'y a en fin de compte que 1 030 673 ménages qui n'ont jamais eu d'enfant. Ce qui permet de fixer à 9 pour 100 le nombre des ménages probablement stériles.

Ce chiffre se rapproche beaucoup de celui fourni par divers médecins français et étrangers, d'après les statistiques dressées par eux sur les cas de leur clientèle particulière.

Nous trouvons, en effet, dans les très intéressantes communications faites en octobre dernier à l'Académie de médecine par MM. Lagneau et Charpentier, que la proportion des unions stériles est de 10 à 12 pour 100.

Nous ferons remarquer que ces statistiques s'appliquent le plus ordinairement à des ménages qui viennent précisément consulter le gynécologiste à cause de leur stérilité, ce qui fait très probablement augmenter un peu la moyenne.

Je pense donc qu'on peut fixer à 10 pour 100 la moyenne probable des ménages français qui n'ont jamais eu d'enfant.

Les tableaux qui vont suivre indiquent, pour chaque département, la proportion du nombre des enfants sur 1000 familles.

Mais, lorsqu'on étudie un fait quelconque par la méthode statistique et qu'on a obtenu les moyennes proportionnelles, il arrive souvent — si les recherches ont porté sur un grand nombre de points — qu'il est nécessaire, pour se faire une idée de la répartition du fait étudié sur toute l'étendue des points sur lesquels a porté l'observation, de réunir les moyennes de même nature en un certain nombre de groupes qu'on appelle encore séries.

Il ne suffit pas, en effet, de ranger les moyennes en allant de la plus faible à la plus élevée. Cette simple ordination, qui peut suffire quelquefois pour indiquer certains phénomènes intéressants, serait impuissante, notamment dans le cas qui nous occupe actuellement, à les montrer tous et surtout à donner l'idée générale, la résultante en vue de laquelle la méthode statistique a été employée.

La statistique, il n'est peut-être pas mauvais de le rappeler, ne vit pas de détails. Elle indique à grands traits l'existence, les variations, la répartition géographique ou autre d'un fait; mais elle ne peut descendre aux petits détails. Car, pour donner des résultats sérieux, elle a besoin d'un grand nombre d'observations.

Pour faire cette mise en série des moyennes proportionnelles dans les meilleures conditions, il faut, à mon avis : 1° que le procédé repose sur un principe rationnel; 2° que ce procédé rationnel soit établi sur une base méthodique capable de trouver une application facile dans la très grande majorité des cas, tout en permettant une solution pour les cas particuliers et exceptionnels; 3° que la méthode de sériation laisse le moins possible d'initiative au statisticien et soit en quelque sorte mécanique. Il faut, en effet, éviter des groupements arbitraires où l'imagination et les idées préconçues du statisticien à la poursuite d'un argument pour ou contre une théorie pourrait, involontairement et à son insu, tenir trop de place dans sa manière de classer les moyennes, et compromettre ainsi la véracité et la sincérité des conclusions.

J'ai essayé de réaliser ces trois *desiderata*, et voici comment je formule ma manière de procéder d'une façon méthodique et rationnelle à la mise en séries des rapports moyens ou moyennes proportionnelles.

Règle générale. — Il faut retrancher la moyenne minimum de la moyenne maximum et diviser le reste par le nombre de catégories qu'on veut constituer; le quotient représente l'intervalle qui doit séparer chaque catégorie. On prend alors ce quotient comme raison d'une progression arithmétique dont le premier terme est la moyenne minimum et le dernier la moyenne maximum.

Exception. — Toutes les fois qu'un rapport moyen est séparé de celui qui le précède ou qui le suit par un écart plus grand que la raison de la progression, il est mis à part. S'il est seul, il est mis hors catégorie et ne compte pas dans la recherche de la différence qui sépare la moyenne minimum de la moyenne maximum. S'il est suivi de quelques autres, dont les écarts ne dépassent pas la raison, ils constituent tous ensemble une catégorie spéciale.

Telle est la méthode dont je me sers depuis plus de dix ans et qui m'a toujours donné de bons résultats. C'est celle que j'ai employée pour la sériation des tableaux suivants :

Familles n'ayant pas d'enfant ou n'en ayant qu'un seul.
— La moyenne générale des familles n'ayant pas d'enfant ou n'en ayant qu'un seul atteint pour la France entière le chiffre de 44 pour 100. Et si l'on considère successivement toutes les moyennes rangées par ordre de croissance, on voit qu'elles diffèrent sensiblement les unes des autres. La différence entre la moyenne minimum et la moyenne maximum n'est pas moindre de 37 pour 100. (Voir tableau n° I et figure 1.)

TABLEAU N° I.

SUR 1000 FAMILLES, COMBIEN N'ONT PAS D'ENFANT OU N'EN ONT QU'UN ?

I.

1. — Corse	259
2. — Finistère	261
3. — Morbihan	285
4. — Deux-Sèvres	297
5. — Côtes-du-Nord	299
6. — Hérault	321
7. — Aveyron	323
8. — Ardèche	325
9. — Savoie	330
10. — Charente	333
11. — Hautes-Alpes	334
12. — Landes	334

II.

13. — Haute-Savoie	338
14. — Ariège	339
15. — Vienne	340
16. — Cher	341
17. — Haute-Garonne	341
18. — Basses-Pyrénées	343
19. — Creuse	349
20. — Nord	351
21. — Loire-Inférieure	362
22. — Allier	363
23. — Isère	365
24. — Cantal	371

25. — Puy-de-Dôme	377
26. — Vendée	377
27. — Ille-et-Vilaine	380
28. — Pas-de-Calais	383
29. — Aude	385
30. — Hautes Pyrénées	388
31. — Basses-Alpes	392
32. — Mayenne	392
33. — Belfort	394
34. — Nièvre	395
35. — Vaucluse	401
36. — Saône-et-Loire	405
37. — Indre	467

III.

38. — Corrèze	413
39. — Tarn	416
40. — Loiret	417
41. — Pyrénées-Orientales	417
42. — Drôme	423
43. — Ain	426
44. — Lozère	426
45. — Lot	430
46. — Vosges	430
47. — Maine-et-Loire	432
48. — Haute-Vienne	433
49. — Bouches-du-Rhône	438
50. — Loir-et-Cher	447

51. — Haute-Saône . . . 448
52. — Jura 449
53. — Yonne 449
54. — Meurthe-et-Moselle 452
55. — Manche. 454
56. — Haute-Marne . . . 458
57. — Dordogne. 465
58. — Loire. 467
59. — Seine-et-Marne. . . 475
60. — Doubs 477
61. — Seine-et-Oise . . . 478
62. — Marne 480
63. — Haute-Loire. . . . 485
64. — Var 485

IV.

65. — Ardennes. 487
66. — Charente-Inférieure 487
67. — Seine-Inférieure. . 488
68. — Gironde. 491
69. — Rhône 492
70. — Somme. 493

71. — Gard. 494
72. — Alpes-Maritimes. . 495
73. — Aisne. 496
74. — Eure-et-Loir. . . . 504
75. — Gers 506
76. — Meuse 509
77. — Côte-d'Or. 517
78. — Tarn-et-Garonne. . 518
79. — Indre-et-Loire. . . 524
80. — Oise 539
81. — Calvados 541
82. — Aube. 560

V.

83. — Lot-et-Garonne . . 562
84. — Sarthe 582
85. — Eure. 598
86. — Seine. 599
87. — Orne 637

Moyenne générale : 444.

D'une manière générale, les familles n'ayant pas d'enfant ou n'en ayant qu'un seul se répartissent de la manière suivante : ces familles forment de 30 à 40 pour 100 du nombre total des ménages à l'ouest dans la Bretagne et le Poitou, au centre dans le Berry, le Nivernais et le Bourbonnais, à l'est dans la Savoie et le Dauphiné, au nord dans le Pas-de-Calais et le Nord, et enfin au midi dans presque tous les départements méditerranéens et pyrénéens.

Les familles ayant peu d'enfants forment de 50 à 60 pour 100 de la totalité des ménages dans la région semi-circulaire constituée par l'Indre-et-Loire, le Loir-et-Cher, la Sarthe, l'Orne, le Calvados, l'Oise, la Seine-Inférieure, la Somme, l'Eure, l'Aisne, les Ardennes, la Meuse, l'Aude et l'Yonne. Dans le sud-ouest, il y a un petit noyau formé de la Charente-Inférieure, de la Gironde, du Lot-et-Garonne, du Tarn-et-Garonne et du Gers.

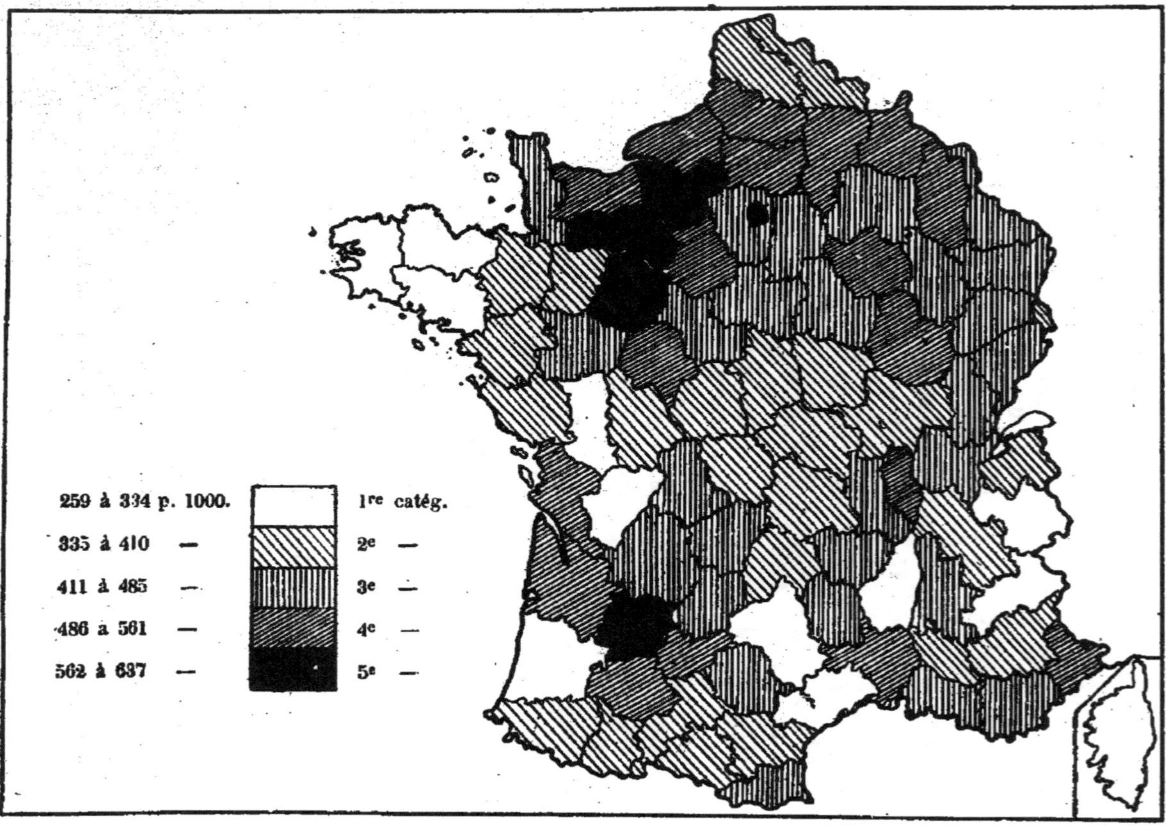

Fig. 1. — Familles n'ayant pas d'enfant ou n'en ayant qu'un seul.

Je ferai remarquer que les départements qui contiennent des centres urbains d'une très grande importance sont généralement parmi ceux où les familles sont les moins nombreuses, tels sont la Seine, la Gironde et le Rhône.

Des différences très considérables séparent souvent des départements limitrophes.

C'est ainsi, par exemple, que le département des Landes se présente avec une moyenne complètement différente et beaucoup plus faible que celles de la Gironde, du Lot-et-Garonne et du Gers. Le Gard a de son côté une proportion beaucoup plus élevée que tous ses départements limitrophes, etc., etc.

Familles ayant deux ou trois enfants. — Cette catégorie représente vraiment la moyenne des ménages français ayant des enfants. Aussi voyons-nous un petit nombre de départements appartenant aux deux premiers groupes qui représentent l'exception minimum. D'un autre côté, j'ai été obligé de mettre à part les trois départements du Lot, des Landes et de l'Hérault qui se présentent dans des conditions de maximum exceptionnelles. (Voir tableau n° II et figure 2.)

TABLEAU N° II.

SUR 1000 FAMILLES, COMBIEN ONT 2 OU 3 ENFANTS?

I.

1. — Loire.	276
2. — Orne.	286
3. — Eure.	292
4. — Alpes-Maritimes.	293
5. — Doubs	300
6. — Seine.	303

II.

7. — Sarthe.	313
8. — Seine-Inférieure.	313
9. — Deux-Sèvres	322
10. — Côtes-du-Nord.	323
11. — Oise	331
12. — Isère.	334
13. — Eure-et-Loir.	335
14. — Haute-Savoie	336
15. — Marne	337

III.

16. — Aube.	338
17. — Manche.	342
18. — Aisne.	344

19. — Calvados 344
20. — Lot-et-Garonne . . 345
21. — Vendée 345
22. — Morbihan 346
23. — Meuse 347
24. — Ille-et-Vilaine . . 348
25. — Nord 349
26. — Haute-Loire . . . 350
27. — Savoie 351
28. — Ardennes 353
29. — Côte-d'Or 354
30. — Jura 357
31. — Somme 357
32. — Basses-Alpes . . 358
33. — Haute-Vienne . . 358
34. — Finistère 359
35. — Dordogne 360
36. — Puy-de-Dôme . . 361
37. — Drôme 362
38. — Gard 362
39. — Indre-et-Loire . . 363
40. — Basses-Pyrénées . 363
41. — Loire-Inférieure . 364
42. — Pas-de-Calais . . 364
43. — Seine-et-Marne . . 364
44. — Meurthe-et-Moselle 367
45. — Haute-Saône . . . 367
46. — Aveyron 368

IV.

47. — Hautes-Alpes . . . 369
48. — Var 371
49. — Hautes-Pyrénées . 372
50. — Loiret 374
51. — Vosges 374
52. — Loir-et-Cher . . . 375
53. — Saône-et-Loire . . 376
54. — Vaucluse 376

55. — Creuse 377
56. — Haute-Garonne . . 377
57. — Ardèche 378
58. — Cher 380
59. — Vienne 382
60. — Haute-Marne . . . 384
61. — Charente-Inférieure 385
62. — Corrèze 385
63. — Mayenne 385
64. — Belfort 385
65. — Ain 388
66. — Cantal 388
67. — Lozère 389
68. — Indre 390
69. — Pyrénées-Orientales 391
70. — Seine-et-Oise . . . 392
71. — Gers 394
72. — Tarn-et-Garonne . . 394

V.

73. — Allier 401
74. — Gironde 402
75. — Nièvre 402
76. — Yonne 403
77. — Maine-et-Loire . . 409
78. — Aude 411
79. — Tarn 411
80. — Corse 412
81. — Rhône 416
82. — Ariège 420
83. — Bouches-du-Rhône 427
84. — Charente 430
85. — Lot 492
86. — Landes 507
87. — Hérault 548

Moyenne générale : 363.

La différence entre le département à moyenne maximum et celui à moyenne minimum est de 27 pour 100; mais, si on écarte les trois départements qui, je viens

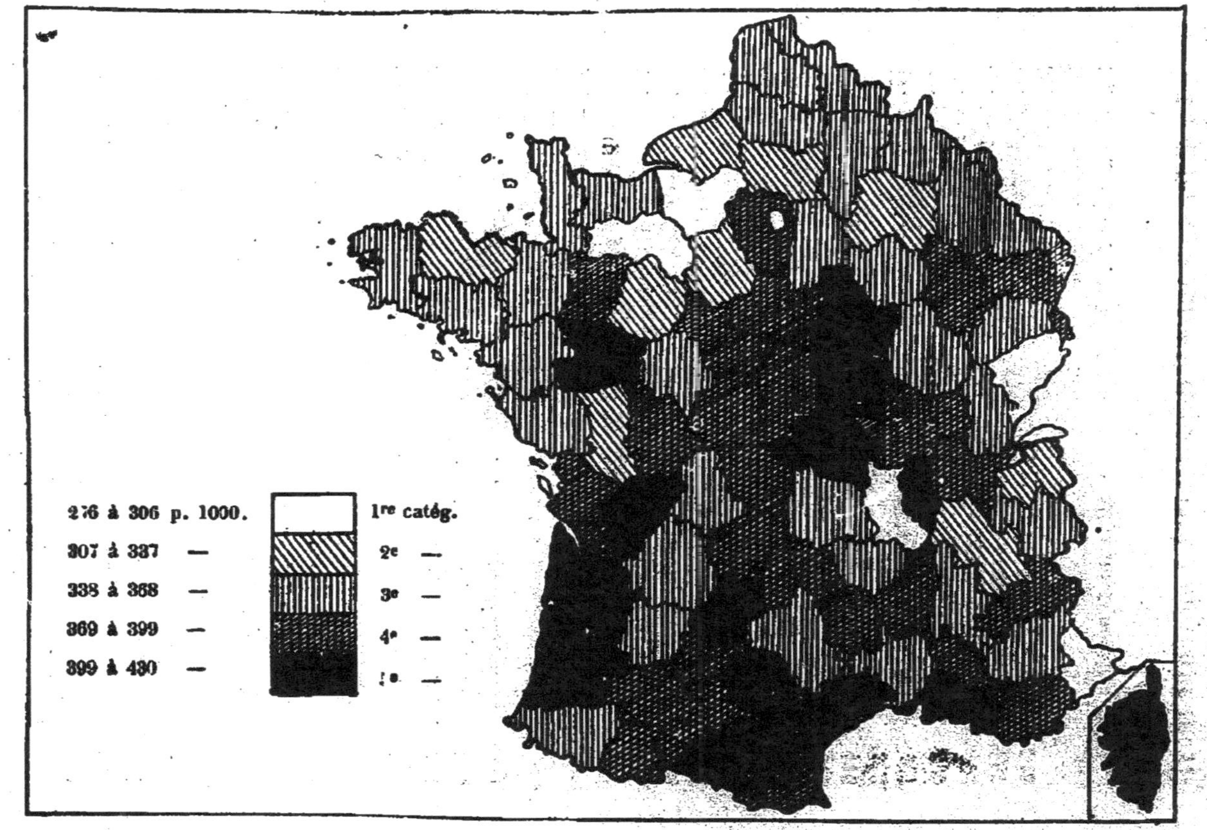

Fig. 2. — Familles ayant 2 ou 3 enfants.

de le dire, sont dans des conditions exceptionnelles, l'écart n'est plus que de 15 pour 100 seulement.

La presque totalité des départements du centre et de la moitié méridionale de la France appartiennent aux 4° et 5° groupes. Comme on devait s'y attendre après ce qu'on a vu tout à l'heure dans la répartition géographique des familles n'ayant pas d'enfant ou n'en ayant qu'un, les départements du nord-est et du nord-ouest figurent parmi les groupes où les familles de deux ou trois enfants sont les moins nombreuses.

Mais, en dehors de cette répartition générale, il faut citer quelques exceptions, notamment la Loire, dont la moyenne est de 27 pour 100, tandis que celle de son voisin le Rhône est de 41 pour 100; le Doubs, dont la moyenne est de 30 pour 100, tandis que celle du Jura est de 35; celle de la Haute-Saône de 36 et celle de Belfort de 38. Enfin le département de la Seine et celui des Alpes-Maritimes figurent parmi les départements à moyenne minimum, alors qu'ils sont entourés de départements à moyenne maximum.

Familles de quatre enfants et au-dessus. — Les familles ayant plus de trois enfants ne forment que le cinquième du nombre total des ménages. C'est là, comme je l'ai déjà indiqué, la cause de la lenteur de notre développement démographique. (Voir tableau n° III et figure 3.)

TABLEAU N° III.

SUR 1000 FAMILLES, COMBIEN ONT 4 ENFANTS ET AU-DESSUS?

I.

1. — Orne	70	
2. — Lot	79	
3. — Tarn-et-Garonne	87	
4. — Rhône	93	
5. — Lot-et-Garonne	94	
6. — Seine	98	
7. — Gers	101	
8. — Aube	105	
9. — Gironde	107	
10. — Eure	112	
11. — Calvados	115	
12. — Indre-et-Loire	115	
13. — Sarthe	127	

14. — Côte-d'Or 129
15. — Charente-Inférieure 130
16. — Oise 131
17. — Seine-et-Oise . . . 132

II.

18. — Hérault 134
19. — Bouches-du-Rhône. 137
20. — Var 144
21. — Meuse 145
22. — Gard 146
23. — Somme 147
24. — Yonne 149
25. — Haute-Marne . . . 159
26. — Ardennes 160
27. — Maine-et-Loire . . 160
28. — Seine-et-Marne . . 160
29. — Aisne 161
30. — Landes 162
31. — Eure-et-Loir 163
32. — Haute-Loire 166
33. — Dordogne 171
34. — Tarn 173
35. — Loir-et-Cher 179
36. — Meurthe-et-Moselle. 183
37. — Lozère 184
38. — Ain 185
39. — Marne 186
40. — Haute-Saône 187
41. — Pyrénées-Orientales 192
42. — Jura 194

III.

43. — Manche 195
44. — Vosges 196
45. — Indre 197
46. — Seine-Inférieure . . 200
47. — Nièvre 202
48. — Corrèze 203
49. — Aude 204
50. — Alpes-Maritimes . . 213
51. — Haute-Vienne . . . 213

52. — Loiret 214
53. — Drôme 216
54. — Saône-et-Loire . . . 219
55. — Belfort 221
56. — Doubs 222
57. — Mayenne 222
58. — Vaucluse 224
59. — Charente 229
60. — Ariège 233
61. — Allier 237
62. — Cantal 241
63. — Hautes-Pyrénées . . 246
64. — Basses-Alpes . . . 249

IV.

65. — Loire 257
66. — Pas-de-Calais . . . 258
67. — Puy-de-Dôme . . . 261
68. — Loire-Inférieure . . 273
69. — Creuse 275
70. — Ille-et-Vilaine . . . 275
71. — Cher 278
72. — Vienne 280
73. — Vendée 280
74. — Haute-Garonne . . 282
75. — Ardèche 295
76. — Basses-Pyrénées . . 297
77. — Hautes-Alpes . . . 299
78. — Nord 301
79. — Isère 303
80. — Aveyron 315

V.

81. — Savoie 319
82. — Haute-Savoie . . . 326
83. — Corse 329
84. — Morbihan 372
85. — Côtes-du-Nord . . . 378
86. — Finistère 381
87. — Deux-Sèvres 381

Moyenne générale : 193.

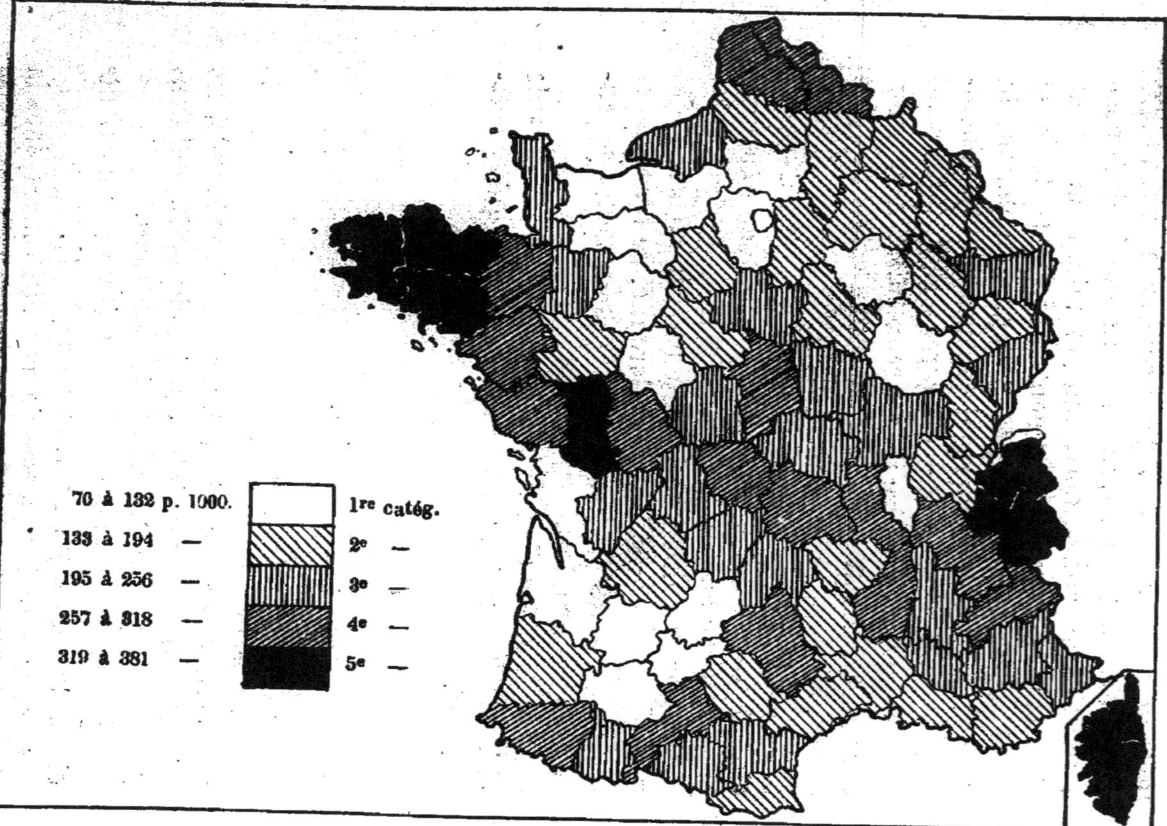

Fig. 3. — Familles ayant 4 enfants et au-dessus.

Cette catégorie représente en quelque sorte l'antithèse de la première catégorie consacrée aux familles peu fécondes. Nous voyons d'abord que la différence entre les moyennes maximum et minimum est de 31 pour 100. Les départements du Pas-de-Calais et du Nord, ceux formés de la Bretagne, du Poitou, du Dauphiné et de la Savoie, qui constituaient précédemment les premiers groupes, figurent cette fois parmi les derniers, c'est-à-dire parmi ceux où la proportion des familles ayant quatre enfants et au delà est la plus élevée.

Comme il fallait également s'y attendre, la Guyenne et la Gascogne ont peu de familles de quatre enfants; le Languedoc en a un peu plus.

A noter la différence entre les départements des Basses-Pyrénées, de la Haute-Garonne, de l'Aveyron et du Rhône et les départements qui leur sont respectivement limitrophes.

Mais j'ai hâte d'en finir avec ces arides tableaux de chiffres et d'arriver aux enseignements qu'ils comportent.

III.

Je viens de montrer que, si le nombre des enfants par famille est, en général, peu élevé en France, les départements, considérés individuellement, sont dans des conditions extrêmement dissemblables.

Il y a évidemment des régions où il y a peu d'enfants et d'autres où il y en a beaucoup (fig. 4).

Quelles sont les causes de ces différences dans la constitution des familles? Les divergences constatées entre des départements souvent limitrophes serviront à éclairer notre enquête.

Et, d'abord, ces causes sont-elles volontaires ou invo-
lontaires de la part des époux?

Je crois, pour ma part, que, bien qu'on soit généra-

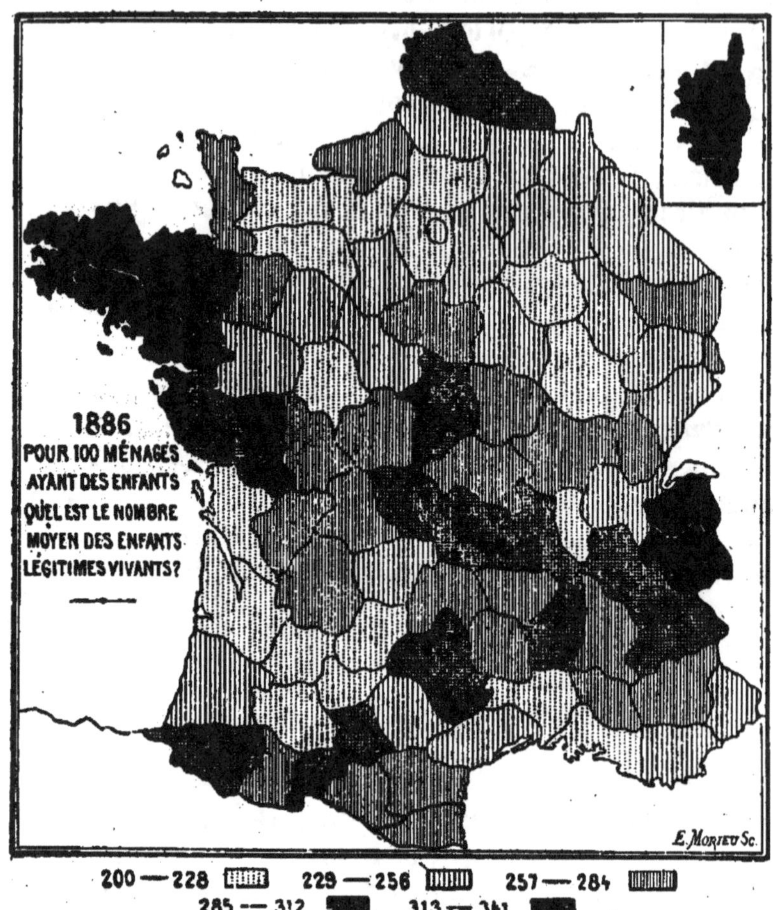

Fig. 4.

lement tenté d'attribuer à la volonté seule des époux
la limitation, par exemple, du nombre des enfants, il
ne faut pas, en cela comme en bien d'autres choses,
être aussi exclusif.

Nombre de gynécologistes affirment, en effet, que,

dans les grandes villes, beaucoup de femmes deviennent stériles au bout d'une ou deux grossesses. D'un autre côté, les médecins qui pratiquent à la campagne reconnaissent que, soit à cause du peu de soins que prennent trop souvent les paysannes après leurs couches, soit encore par suite des lourds travaux auxquels elles s'adonnent dans certaines régions, les affections utérines y sont très fréquentes, ce qui expliquerait, dans une certaine mesure, l'existence d'une natalité plus ou moins faible. J'ajouterai qu'il me paraît absolument impossible de passer sous silence l'état pathologique dans lequel paraissent se trouver certaines régions de la France. En comparant les résultats fournis par l'enquête de 1886 sur le nombre des enfants à ceux que j'ai obtenus dans un travail que j'ai publié jadis sur les répartitions géographiques des cas de réforme pour infirmités physiques, je constate que les départements où le nombre des familles sans enfant est maximum sont précisément ceux où le nombre des cas de réforme sont le plus nombreux.

C'est ainsi, par exemple, que les départements normands figurent parmi ceux où les exemptions pour infirmités physiques sont maximum : Eure, 43 réformés pour 100 examinés; Orne, 44; Seine-Inférieure, 48.

Les départements bretons, au contraire, se trouvent parmi ceux où les cas de réformes sont minimum : Morbihan, 23 réformés pour 100 examinés; Côtes-du-Nord, 27; Finistère, 32.

Pour toutes ces raisons diverses, que je ne veux pas développer davantage en ce moment, il faut admettre qu'il y a certainement des causes qui, en dehors de la volonté des époux, influent sur le nombre des enfants issus de chaque ménage.

Mais il est non moins certain que la volonté bien arrêtée des époux de limiter le nombre de leurs enfants exerce une action considérable, peut-être même prépondérante, sur la composition des familles.

Quels peuvent être les mobiles de cette conduite?

On a de tout temps pensé que les conditions sociales jouent le principal rôle dans cette détermination des ménages.

Un économiste de grand talent, M. Hippolyte Passy, disait avec raison :

« L'homme qui possède, qui, à force de travail, est venu à bout d'acquérir un lot de terre, qui espère l'agrandir à l'aide du temps, s'habitue à calculer avec l'avenir. Et il est rare qu'il ne porte pas dans ses actes le degré de raison et de sagacité nécessaire à l'amélioration continue de sa position. Dans tous les pays, c'est le prolétaire qui abandonne sa vie au hasard, et hésite le moins à donner cours à ses appétits et à ses penchants du moment. Le paysan, en France, par cela même qu'il possède ou peut parvenir à posséder sa part du sol, n'est pas seulement laborieux, il est économe et prévoyant. Sur lui opèrent à la fois et la crainte de s'appauvrir, en se donnant une famille trop nombreuse, et le désir de laisser à ses enfants un héritage agrandi. »

Donc, d'après M. H. Passy et beaucoup d'autres économistes, la natalité d'une région serait, en France, en raison inverse de sa richesse. Reste à savoir si ces départements ont peu d'enfants parce qu'ils sont riches, ou s'ils sont riches parce qu'ils ont peu d'enfants.

Quoi qu'il en soit des théories, voyons les faits. J'ai cherché à établir statistiquement le degré de richesse d'un département — et je dois dire que ce n'est pas chose facile. Après avoir longtemps hésité, je me suis arrêté, pour cette évaluation, à la répartition des produits des valeurs successorales par tête d'habitants, telle qu'elle est fournie par le ministère des finances.

Voici les résultats numériques de cette enquête pour la période 1876-1880 (fig. 5) :

I.

	Francs.		Francs.
Corse	8 68	Lot	64 13
Creuse	48 26	Haute-Vienne	65 23
Corrèze	50 81	Basses-Pyrénées	65 37
Ariège	52 40	Landes	66 06
Morbihan	54 71	Hautes-Pyrénées	67 89
Aveyron	55 34	Finistère	68 38
Hautes-Alpes	55 54	Vosges	68 58
Lozère	56 08	Gard	73 88
Savoie	57 18	Puy-de-Dôme	73 90
Haute-Savoie	57 63	Côtes-du-Nord	73 96
Ardèche	57 85	Basses-Alpes	75 83
Haute-Loire	62 29	Dordogne	75 86
Ille-et-Vilaine	64 03	Tarn	79 58

II.

Indre	80 36	Charente	95 20
Cantal	81 93	Gers	95 74
Loire	82 37	Aude	87 86
Drôme	82 60	Doubs	98 52
Jura	82 72	Deux-Sèvres	98 60
Haute-Marne	85 46	Meuse	100 84
Vaucluse	87 27	Loire-Inférieure	101 85
Charente-Inférieure	87 56	Cher	102 72
Haute-Saône	87 61	Allier	102 72
Saône-et-Loire	89 75	Vendée	109 13
Ain	89 77	Yonne	109 59
Nièvre	91 49	Var	110 21
Tarn-et-Garonne	91 86	Lot-et-Garonne	110 29
Isère	93 05	Loir-et-Cher	110 31
Vienne	94 53	Hérault	111 44

III.

Haute-Garonne	112 57	Indre-et-Loire	127 46
Aube	116 45	Sarthe	127 67
Meurthe-et-Moselle	122 08	Alpes-Maritimes	128 89
Ardennes	112 15	Mayenne	128 26
Maine-et-Loire	124 36	Côte-d'Or	129 93
Orne	125 80	Manche	134 65
Nord	126 96	Pas-de-Calais	135 28
Pyrénées-Orientales	127 43	Loiret	135 49

IV.

	Francs.			Francs.
Aisne	145 63	Gironde		154 80
Somme	146 78	Oise.		170 66
Bouches-du-Rhône .	147 24	Marne.		171 67

V.

	Francs.			Francs.
Eure-et-Loir	185 70	Calvados.		203 08
Eure.	183 91	Seine-Inférieure . .		205 28
Rhône.	186 57	Seine-et-Oise. . . .		205 71
Seine-et-Marne. . .	190 46	Seine		412 55

Si on compare les résultats de cette statistique avec ceux de la statistique du nombre des enfants par famille, on voit d'une manière très nette la vérification en quelque sorte mathématique de ce que la théorie avait fait pressentir. En effet, les départements où les valeurs successorales représentent une somme très élevée sont précisément ceux où les familles sont les moins nombreuses : tels sont les départements de la Seine, de Seine-et-Oise, de Seine-et-Marne, de Seine-Inférieure, du Calvados, de l'Eure, de l'Oise, du Rhône, d'Eure-et-Loir, de la Gironde, des Bouches-du-Rhône, etc. Tandis que les départements où les valeurs successorales sont peu élevées ont de nombreux enfants, comme dans la Bretagne, l'Auvergne, le Cantal et la Savoie.

Quelques départements échappent cependant à cette règle en quelque sorte générale. De ce nombre se trouve le petit groupe de départements gascons du Gers, du Lot, de Lot-et-Garonne, du Tarn, de Tarn-et-Garonne.

J'en étais là de mes réflexions, lorsque j'ai trouvé, dans le rapport fait en 1889, sur le budget du ministère de l'intérieur, par M. Jamais, au nom de la commission du budget de la Chambre des députés, un document absolument nouveau qui confirme l'exactitude de mes premières inductions, et que je vous demande la permission de placer sous vos yeux.

En exécution de la loi du 10 août 1871 (article 58, paragraphe 7), il est inscrit chaque année au budget une somme qui doit être répartie entre les départements au prorata de leur situation financière.

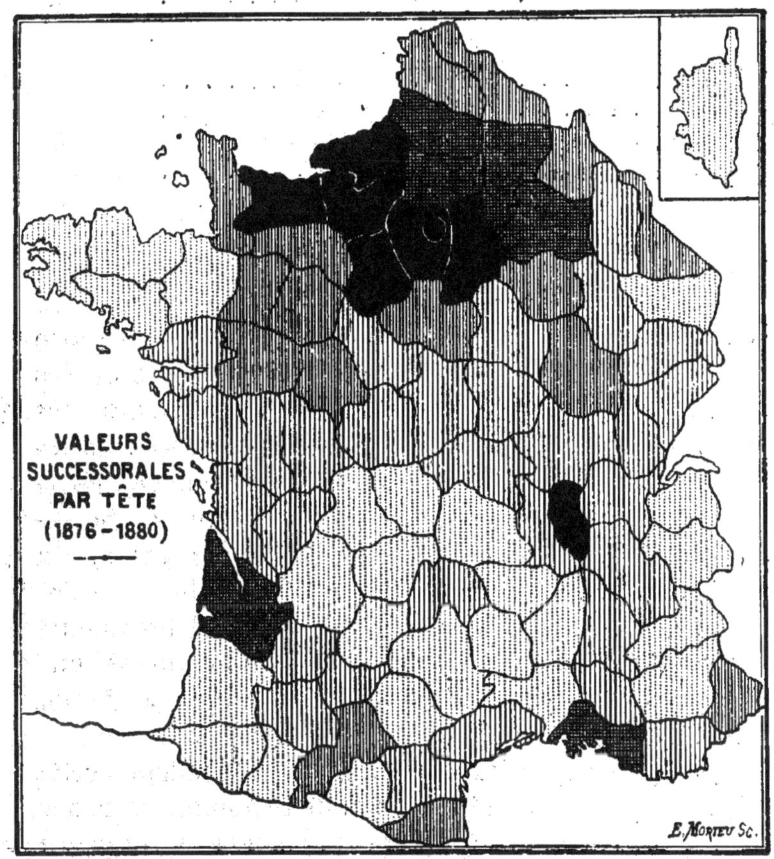

Fig. 5.

Afin d'assurer la répartition équitable et rationnelle de cette somme aux départements suivant leur état de richesse ou de pauvreté, il a été décidé, par un projet de loi délibéré en conseil d'État, que le principe de la répartition des subventions serait basé sur la compa-

raison du produit du centime additionnel au principal
de la contribution foncière et aux trois autres contributions directes, soit avec la superficie du département, soit avec le chiffre de la population. Les deux
rapports obtenus par cette double comparaison font
ressortir assez bien, en effet, la pénurie proportionnelle des départements.

« Le premier de ces rapports, dit avec raison M. Jamais, résultant de la comparaison de la superficie
départementale avec le produit du centime additionnel
au principal de la contribution foncière, peut être considéré comme l'expression la plus exacte de la force
productive du sol, bien que celui-ci ne soit pas seul
soumis à la contribution foncière et que les propriétés
bâties y soient également assujetties. Le deuxième rapport obtenu par la comparaison du produit du centime
additionnel aux trois autres contributions directes avec
le chiffre de la population, doit également être accepté
comme l'expression approximative de la force productive de la population qui supporte ces trois contributions.

Chacun des rapports dont il s'agit, s'il était considéré
isolément, ne présenterait que dans une mesure insuf-
fisante la situation financière du département ; mais
en les additionnant, ils se complètent et se corrigent
l'un l'autre ; ils donnent, sous la forme d'un chiffre
abstrait, un rapport composé qui peut suffire à un classement rationnel et équitable. »

Voici donc comment a été fait, par le ministère de
l'intérieur, le classement des départements suivant leur
degré de pauvreté. Pour permettre de rapprocher ces
trois enquêtes faites, l'une par le ministère du commerce
sur le nombre des enfants par famille, l'autre par le
ministère des finances sur la valeur successorale, la
troisième par le ministère de l'intérieur sur le relève-
ment de certaines taxes, j'ai indiqué dans le tableau

qui suit le rang occupé par chaque département dans ces enquêtes.

CLASSEMENT DES DÉPARTEMENTS SUIVANT LEUR PAUVRETÉ.

RANG OCCUPÉ par les DÉPARTEMENTS dans l'enquête.			NOMS des DÉPARTEMENTS.	RANG OCCUPÉ par les DÉPARTEMENTS dans l'enquête.			NOMS des DÉPARTEMENTS.
Du ministère de l'intérieur.	Du ministère des finances.	Du nombre moyen des enfants par famille.		Du ministère de l'intérieur.	Du ministère des finances.	Du nombre moyen des enfants par famille.	
A	B	C		A	B	C	
				21	37	36	Ain.
				22	25	42	Dordogne.
				23	65	45	Pyrénées-Orientales.
				24	38	40	Nièvre.
			I.	25	46	85	Deux-Sèvres.
				26	15	60	Haute-Vienne.
1	1	83	Corse.	27	14	4	Lot.
2	10	82	Haute-Savoie.	28	51	72	Vendée.
3	8	49	Lozère.	29	19	85	Finistère.
4	9	81	Savoie.				
5	2	67	Creuse.				II.
6	17	41	Landes.				
7	3	34	Corrèze.				
8	7	77	Hautes-Alpes.				
9	4	61	Ariège.	30	30	51	Drôme.
10	24	64	Basses-Alpes.	31	41	65	Vienne.
11	11	78	Ardèche.	32	50	57	Allier.
12	6	80	Aveyron.	33	20	46	Vosges.
13	18	63	Hautes-Pyrénées.	34	43	2	Gers.
14	28	62	Cantal.	35	55	85	Loir-et-Cher.
15	23	87	Côtes-du-Nord.	36	26	32	Tarn.
16	12	22	Haute-Loire.	37	31	52	Jura.
17	27	47	Indre.	38	35	39	Haute-Saône.
18	5	84	Morbihan.	39	22	66	Puy-de-Dôme.
19	49	69	Cher.	40	32	28	Haute-Marne.
20	16	76	Basses-Pyrénées.				

RANG OCCUPÉ par les DÉPARTEMENTS dans l'enquête.			NOMS des DÉPARTEMENTS.	RANG OCCUPÉ par les DÉPARTEMENTS dans l'enquête.			NOMS des DÉPARTEMENTS.
Du ministère de l'intérieur.	Du ministère des finances.	Du nombre moyen des enfants par famille.		Du ministère de l'intérieur.	Du ministère des finances.	Du nombre moyen des enfants par famille.	
A	B	C		A	B	C	
41	47	24	Meuse.				III.
42	13	73	Ille-et-Vilaine.				
43	52	23	Yonne.	68	29	70	Loire.
44	69	55	Mayenne.	69	79	33	Marne.
45	45	40	Doubs.	70	74	27	Aisne.
46	44	14	Aude.	71	68	37	Alpes-Maritimes.
47	48	71	Loire-Inférieure.	72	57	75	Haute-Garonne.
48	40	79	Isère.	73	71	50	Manche.
49	36	54	Saône-et-Loire.	74	72	68	Pas-de-Calais.
50	33	53	Vaucluse.	75	78	17	Oise.
51	42	58	Charente.	76	56	21	Hérault.
52	53	29	Var.	77	83	26	Seine-et-Marne.
53	60	30	Ardennes.	78	81	8	Eure.
54	34	13	Charente-Inférieure.	79	75	20	Somme.
55	54	5	Lot-et-Garonne.	80	77	14	Gironde.
56	66	10	Indre-et-Loire.				
57	58	7	Aube.				IV.
58	39	3	Tarn-et-Garone.				
59	73	48	Loiret.	81	84	11	Calvados.
60	21	6	Gard.	82	76	16	Bouches-du-Rhône.
61	61	59	Belfort.	83	86	15	Seine-et-Oise.
62	70	18	Côte-d'Or.				
63	63	1	Orne.				V.
64	62	31	Maine-et-Loire.	84	64	74	Nord.
65	67	19	Sarthe.	85	85	56	Seine-Inférieure.
66	59	88	Meurthe-et-Moselle.	86	82	12	Rhône.
67	80	23	Eure-et-Loir.	87	87	9	Seine.

La comparaison du rang occupé par les départements dans les deux enquêtes montre que toutes deux
sont sensiblement exactes dans leurs résultats géné-
raux, dans leurs grandes lignes tout au moins et dans
leurs résultats extrêmes surtout. Les deux enquêtes,
en effet, indiquent les mêmes départements comme
étant d'un côté les plus pauvres et de l'autre les plus
riches. Quant aux différences de quelque importance
qu'on peut noter pour certains départements, comme
l'Allier, le Cher, la Vendée, les Pyrénées-Orientales, les
Deux-Sèvres, l'Ille-et-Vilaine, le Vaucluse, la Charente-
Inférieure, le Tarn-et-Garonne, le Loiret, le Gard, la
Loire et l'Hérault; je serais le plus souvent tenté,
d'après les indications fournies par d'autres documents, de donner raison au classement du ministère
de l'intérieur contre celui du ministère des finances.

Quoi qu'il en soit, il n'y a plus à en douter ; j'espère
avoir montré, par des chiffres irréfutables, que le degré
de richesse ou de pauvreté est peut-être le principal
facteur de la natalité, et en tout cas un élément de la
plus haute importance.

On disait autrefois : « Qu'importe si la natalité en
France est moins élevée qu'ailleurs ; l'essentiel, c'est
qu'on soit heureux, et moins on a d'enfants, plus il est
possible de donner à chacun une plus grande somme
de bien-être. »

J'ai même trouvé, dans une circulaire de 1833 d'un
préfet de l'Allier, un écho non déguisé de cette manière
de voir : « Il n'y a pas, pour les familles pauvres, deux
manières de se tirer d'affaire, écrivait cet excellent préfet
à ses administrés. Ces familles ne peuvent s'élever
qu'à force d'activité, de raison, d'économie et de prudence — de prudence..... surtout dans l'union conju-
gale — et en évitant avec un soin extrême de rendre
leur ménage plus fécond que leur industrie. »

Les nécessités de la défense nationale font que nous devons changer de langage, et qu'à l'heure actuelle, la faiblesse de la natalité française est une cause d'inquiétude pour tous les hommes d'État.

IV.

Que faut-il donc faire pour essayer de relever notre natalité?

A cette question, on répond généralement : Il faut faire des lois pour favoriser ceux-ci, pour protéger ceux-là. Les moyens proposés sont aussi nombreux que variés ; mais tous font appel au secours de l'État.

Je professe, au contraire, qu'il n'y a aucune mesure gouvernementale de nature à augmenter le nombre des enfants dans les familles, parce que c'est un parti pris, dans les ménages français, d'avoir peu d'enfants, et que ce n'est que par des moyens indirects qu'on peut essayer de favoriser le développement de la population, moins par l'augmentation de la natalité que par la diminution de la mortalité. Au surplus, on a souvent fait appel à l'intervention de l'État, et l'expérience montre que ces tentatives ne furent jamais couronnées de succès. Mais comme non seulement la théorie de l'État-Providence a beaucoup de partisans, mais encore que beaucoup de très bons esprits veulent à toute force demander à l'État la solution des problèmes démographiques, je vous demande la permission de ne pas me contenter d'affirmer le contraire, mais encore d'apporter des preuves à l'appui de mon opinion.

La question n'est pas nouvelle, et, si haut qu'on remonte dans l'antiquité, on retrouve la même idée. En effet, Hérodote et Strabon disent que les rois de Perse faisaient des présents, chaque année, à ceux de leurs sujets qui avaient la plus nombreuse famille. Je ne pense pas que cette manière de faire ait eu d'autre résultat que de faire croire aux Persans que leurs rois avaient en honneur les familles nombreuses.

A Rome, César donna aussi des récompenses à ceux qui avaient beaucoup d'enfants, et comme, malgré cela, le célibat était à la mode dans la société romaine, il en vint à défendre aux femmes âgées de moins de quarante-cinq ans, qui n'étaient pas mariées ou qui n'avaient pas d'enfants, de porter des pierreries et de se servir de litières. Rien n'y fit. Il augmenta les sévérités contre les célibataires, rendit les lois Julia et Pappia Poppœa : les résultats ne furent pas meilleurs.

En Grèce, même situation, mêmes procédés d'encouragement de la part du législateur, même insuccès.

Le triomphe du célibat et la réduction minimum du nombre des enfants dans les familles, surtout dans les classes riches, affaiblirent à ce point les sociétés grecque et romaine, qu'elles ne trouvèrent plus de citoyens pour les défendre contre les invasions des Barbares. Et on peut dire avec quelque vérité que la sécurité de la nation est liée à sa prospérité démographique.

Les mêmes préoccupations qui tourmentaient les législateurs d'Athènes, de Sparte et de Rome assiégèrent également l'esprit de notre grand Colbert.

L'extension des couvents et le développement de la vie monastique furent, au moyen âge et dans les siècles qui suivirent, une cause importante d'arrêt du développement dans les classes dirigeantes.

Pour lutter contre ces mœurs, dont il apercevait nettement le danger, Colbert proposa au roi de faire une enquête, dont il trace lui-même le sommaire qu'il ne me paraît pas sans intérêt de placer sous vos yeux. Voici comment s'exprime Colbert :

*Des mesures à prendre pour rendre les mariages plus faciles
et les vœux de religion plus difficiles.*

« Examiner soigneusement toutes les raisons pour
ou contre cette proposition. — Rechercher tout ce qui
a été fait dans la république romaine et dans tous les
États bien policés sur le même sujet. Et, après avoir
bien examiné toutes les raisons, messieurs les Intendants donneront leur avis.

« S'ils estiment cette proposition bonne, il faut en
examiner les moyens suivants :

« Expédier une déclaration pour mettre à la taille
tous les garçons à l'âge de vingt ans ; exempter de taille
jusqu'à vingt-trois ans tous ceux qui se marieront à
vingt ans et au-dessous ; exempter de taille tous les co-
tisés qui auront dix enfants vivants.

« Outre ces moyens, ces messieurs en pourront encore trouver d'autres pour faciliter les mariages, et
faire souhaiter à tous les sujets du roi d'avoir beaucoup
d'enfants.

« Examiner ce qui se pourra faire à l'égard des gen-
tilshommes.

« Pour rendre les vœux de religion plus difficiles,
remettre l'âge des vœux à vingt-cinq ans s'il se peut.
Examiner tout ce qui s'est fait par le passé sur cette
matière dans toute l'Église, s'il est nécessaire de recou-
rir ou non à l'autorité du pape ou si celle du roi suffit ;
et voir sur ce sujet tout ce qui s'est passé dans le
royaume depuis cinq ou six cents ans. Examiner tout
ce qui peut se faire pour réduire les dots de toutes les
religieuses, qui sont excessives.

« Examiner si tous les couvents de filles ont pouvoir
de prendre des pensionnaires en bas âge et avant l'année de la probation, pour défendre à tous ceux qui
n'ont pas ce pouvoir, et le restreindre le plus qu'il se

pourra à l'égard des autres. — Mais comme l'envie de mettre des filles en religion vient des pères faute de pouvoir donner des dots convenables à leurs filles, il faut examiner soigneusement tous les moyens que l'on pourra pratiquer pour régler les dots des filles, en sorte que les pères y puissent satisfaire, quelque nombre qu'ils en aient ; étant certain qu'il n'y a que la comparaison des dots des unes aux autres qui produise ce mauvais effet, et que, si l'on peut parvenir à établir une règle générale, tout le monde s'y conformera sans peine. » (*Lettres de Colbert*, publiées par P. Clément, t. VI, p. 13 ; Cf. les lettres 15, 19 et 73 du tome II, 1re partie.)

La conclusion de cette enquête fut l'édit de novembre 1666, dont j'ai déjà parlé, et qui fut rapporté quelques années après, sans avoir produit aucun résultat.

J'arrive maintenant à une tentative plus récente, qui a fait quelque bruit et dont l'insuccès mérite d'être conté avec quelque détail, ne fût-ce que pour éviter de retomber dans la même faute.

Le 29 nivôse an XIII (19 janvier 1805), une loi conçue dans les termes suivants fut promulguée :

Tout père de famille ayant sept enfants vivants pourra en désigner un parmi les mâles, lequel, lorsqu'il sera arrivé à l'âge de dix ans révolus, sera élevé aux frais de l'État dans un lycée ou dans une école d'arts et métiers. Le choix du père sera déclaré au sous-préfet dans le délai de trois mois de la naissance du dernier enfant ; ce délai expiré, la déclaration ne sera plus admise.

Si le père décède dans l'intervalle des trois mois, le choix en appartiendra à la mère.

Si la mère décède dans le même intervalle, le choix appartiendra au tuteur.

Si nous nous reportons à l'exposé des motifs, nous voyons par quelles raisons de haute moralité le con-

seiller d'État, M. Regnault de Saint-Jean-d'Angély, jus-
tifie le projet de loi présenté au Corps législatif :

L'intérêt, le bonheur des pères de famille, dit l'exposé des
motifs, ont toujours fixé la pensée des gouvernements justes
et éclairés.

. . . .

Parmi les chefs de famille, à l'existence desquels est liée
l'existence de tout ce qui vit près d'eux dans l'asile du travail, il est juste de distinguer les citoyens qui, ayant une
postérité plus nombreuse, ajoutent davantage à la richesse
de l'État, dont la population est une portion importante.

A toutes les époques et dans tous les pays où l'administration a conçu des idées grandes et utiles, équitables et
généreuses, les pères de nombreux enfants ont été l'objet
d'une attention particulière qui est allée chercher la fécondité pour l'encourager. Une récompense pécuniaire a paru
peu convenable; un moyen plus noble s'est offert : trente-
deux lycées sont organisés, plusieurs départements offriront
bientôt une école d'arts et métiers. C'est par une place dans
ces établissements qu'on doit récompenser, encourager le
père de famille qui comptera sept enfants. Il pourra indiquer, parmi eux, celui qu'il croira le plus propre à étudier,
ou les arts libéraux et les sciences, ou un art mécanique,
une profession utile.

La sagesse des administrateurs locaux leur fera juger si
l'enfant doit être destiné pour un lycée ou pour une école
d'arts.

Ils n'oublieront pas que, dans toutes les classes de la société, il faut favoriser le développement des dispositions
heureuses de l'enfant ou de la jeunesse pour les beaux-arts,
la littérature, les sciences; mais qu'il ne faut pas indistinc-
tivement encourager à les cultiver ceux qui, avec des dispositions ordinaires, pourraient ensuite se trouver plutôt
embarrassés qu'enrichis de connaissances médiocres, qui
donnent souvent plus de prétentions que de ressources.

Ainsi les enfants seront placés avec discernement, selon
leurs moyens personnels, l'état de leurs parents, leurs vœux,
leurs ressources, leurs convenances.

Ainsi la société payera noblement pour elle, et utilement
pour les citoyens, la dette dont elle est tenue envers le chef
d'une postérité nombreuse.

Le rapporteur de la section de l'intérieur au tribunal donne, dans les termes suivants, son approbation au projet de loi :

Quand une loi, dit-il, se présente avec tous les caractères qui peuvent lui concilier la faveur publique, c'est une tâche facile et désirable que d'être appelé, je ne dirai pas à la défendre (car qui voudrait l'attaquer?), mais d'avoir à compter ses titres à l'approbation du législateur, à la reconnaissance des citoyens.

Si j'entreprends de montrer aujourd'hui que cette loi tend à honorer le mariage à *augmenter la population* en l'améliorant, à associer l'intérêt de l'État à celui des familles; qu'elle est l'une des plus belles pensées d'une autorité prévoyante et paternelle, je ne ferai que classer de nouveau les idées qui vous ont été complètement développées par le rapporteur du conseil d'État.

Cette loi, qui n'avait été faite que sous le prétexte de favoriser les familles nombreuses, mais qui, en réalité, avait pour but d'alimenter d'élèves les lycées qu'on venait de créer, cette loi fut appliquée juste le temps nécessaire pour trouver les élèves et assurer le succès de l'Université naissante. Elle tomba bientôt dans l'oubli, et fut implicitement abrogée par les lois et règlements relatifs à la collation des bourses dans les lycées et collèges. Elle aurait continué à reposer longtemps encore dans les archives des vieilles lois sans l'honorable M. Bernard, député du Doubs, qui, le 8 avril 1885, déposait sur le bureau de la Chambre une proposition tendant à remettre en vigueur la loi du 29 nivôse an XIII.

Dans la pensée de l'honorable député, cette mise en pratique de la loi de nivôse, en aidant les familles nombreuses à supporter les charges de l'instruction d'un de leurs enfants, donnait en quelque sorte une prime d'encouragement au développement des ménages, et par là à l'accroissement de la population française.

M. Bernard, du Doubs, demandait simplement un

crédit de 20 000 francs pour faire augmenter la natalité de la France ; on s'aperçut bientôt que ce chiffre était insuffisant.

Mais lorsqu'il fallut chiffrer la dépense que la mise en pratique de la loi de nivôse entraînerait, la Chambre se trouva fort empêchée de conclure, faute de documents statistiques, sur le nombre des familles ayant sept enfants. M. Javal déclara que, d'après l'enquête à laquelle il s'était livré personnellement, il n'y avait pas moins de 50 000 familles dans les conditions indiquées, et que, par conséquent, il était nécessaire de mettre quelques restrictions à la mise en pratique de la loi de nivôse, si on ne voulait pas être débordé et s'engager dans des dépenses exagérées.

La Chambre, malgré cette absence de documents, vota néanmoins un crédit de 400 000 francs, et inscrivit dans la loi de finances de 1885 un article 30 ainsi conçu :

« Une bourse sera concédée, dans un établissement d'enseignement secondaire ou d'enseignement primaire supérieur, ou dans une école professionnelle, industrielle, commerciale ou agricole, de l'État, à l'enfant âgé de neuf ans révolus, au moins, appartenant à un père de famille ayant sept enfants vivants, qui sera désigné par celui-ci. Toutefois, cette bourse ne pourra être concédée qu'après que la situation nécessiteuse de la famille aura été constatée, et que l'enfant aura subi les examens préalables exigés par les règlements en vigueur pour l'obtention de bourses de l'État dans les établissements susindiqués. »

Au moment du vote de cet article, une somme de 400 000 francs avait paru suffisante pour l'exécuter, parce qu'on ne possédait aucune donnée statistique sur le nombre des intéressés. Un an s'était à peine écoulé que les crédits employés tant aux bourses qu'aux dégrèvements de frais de trousseaux dépassaient déjà notablement le million. Et il était aisé de prévoir qu on ne s'en tiendrait pas là.

Effrayée de cette marée montante, la commission du budget essaya d'enrayer le mouvement. Voici, en effet, ce que nous lisons dans le rapport fait au nom de la commission du budget sur le ministère de l'instruction publique par M. Burdeau :

« La volonté du législateur a-t-elle été d'engager une pareille dépense? Et, d'autre part, les résultats à en espérer valent-ils ce qu'ils coûteraient? L'espoir de faire entrer un enfant dans un établissement de l'État, d'où rien ne prouve qu'il sortira avec un gagne-pain tout à fait sûr, est-il bien un motif assez efficace pour décider les familles à croître et à multiplier? Enfin, si cet espoir devait avoir la puissance qu'on lui attribue, il n'agirait guère que sur les pères ayant déjà six enfants. On conviendra que ce n'est pas là attaquer le mal par la racine.

« Au surplus, rien n'est plus aisé que d'atténuer les conséquences fiscales de la loi ; il n'y a qu'à la rendre illusoire.

« Mais, s'il en est ainsi, n'est-il pas plus simple de ne pas susciter des espérances qu'on n'est point en mesure de satisfaire?

« Votre commission vous propose, dans cet esprit, de rapporter l'article 30 de la loi de finances de 1885. »

La Chambre adopta les propositions de la commission du budget ; mais, comme pendant un an on avait donné des bourses aux septièmes enfants, et qu'il n'était pas possible de les leur supprimer du jour au lendemain, on continua à inscrire au budget une somme de 640 000 francs pour l'entretien de ces bourses. Ce qui provoque naturellement, de la part de ceux qui ont sept enfants et qui n'ont pas de bourse, des réclamations incessantes et quelque peu justifiées.

Voilà comme quoi, faute de consulter la statistique,

on dépense des millions et... on mécontente tout le monde.

Pour le moment, tout au moins, il ne s'agit donc plus de la loi de nivôse (1).

Mais si, de ce côté, on reconnaît l'impuissance du législateur, on a imaginé beaucoup d'autres projets sur lesquels je ne veux pas m'étendre, me réservant seulement de dire quelques mots sur deux d'entre eux : la recherche de la paternité et la liberté testamentaire.

Ces deux mesures sont tellement considérables, et peuvent être l'occasion d'agitations tellement graves, qu'avant de les encourager il faut examiner si elles ont bien en réalité — au moins pour l'objet qui nous occupe en ce moment — une portée aussi bienfaisante et aussi fructueuse que le pensent ses partisans.

On sait qu'en France le Code civil interdit, par son article 340, la recherche de la paternité. Un certain nombre de moralistes demandent l'abrogation de cet article dans une pensée de moralité, de justice, d'humanité — à laquelle je m'associe de très grand cœur — mais aussi dans le but de faciliter les mariages et par cela même de faire progresser la population, c'est là une mesure dont l'efficacité me paraît douteuse.

Sur le premier mobile qui guide les partisans de la recherche de la paternité, je n'ai, je le répète, qu'à me joindre à eux, et il est bien certain que la mesure qu'ils demandent, et que je demande avec eux, a une portée morale très élevée. Au surplus, en agissant ainsi, nous ne ferions que nous conformer à la règle de conduite commune à un très grand nombre de nations. Presque partout en Europe la recherche de la pater-

---

(1) Dans sa séance du 4 juillet 1889, la Chambre des députés a voté, sur la proposition de M. Javal, la disposition suivante : « Les pères et mères de sept enfants seront exempts du payement des contributions personnelle et mobilière. »

nité est autorisée ; elle n'est interdite qu'en France, en Grèce, en Belgique, en Italie, dans les Pays-Bas, en Roumanie, en Alsace-Lorraine, dans certains cantons suisses et quelques provinces prussiennes.

Sur ce premier point donc, unanimité absolue ; mais sur le second, je demande à faire des réserves pour les motifs suivants :

Demander l'autorisation de rechercher la paternité, dans le but d'entraver l'illégitimité, est une illusion que l'étude statistique des faits dissipe facilement.

Mon ami, M. Jacques Bertillon, a fait sur ce sujet un très remarquable travail, qui montre jusqu'à l'évidence l'innocuité, au point de vue du développement de l'illégitimité, de l'article 340 du Code civil.

En effet, après avoir examiné la question de la nuptialité et celle de la natalité légitime et illégitime, d'abord dans les pays où la recherche de la paternité est permise, puis ensuite dans ceux où elle est interdite, M. Jacques Bertillon en arrive à cette conclusion que l'étude du tableau suivant rend absolument irréfutable : « On ne saurait attribuer à la recherche de la paternité ou à son interdiction aucune influence sur la natalité légitime. » Voilà donc cette grave question de l'illégitimité mise complètement hors du débat spécial qui nous occupe en ce moment, à savoir la recherche des moyens propres à augmenter la population.

En ce qui concerne la réforme du Code civil décrétant pour le père de famille la liberté pleine et entière de disposer de la totalité de sa fortune comme il lui plaît, c'est là une mesure qui commande une grande prudence et une extrême réserve.

Qu'on le veuille ou non, la masse du public verra dans cette mesure un rétablissement déguisé des anciens privilèges successoraux. Et avant de tenter une aventure analogue à celle où s'engagea le ministère de Villèle en 1826, il faut y regarder de très près. Lorsque, le 10 février 1826, M. de Peyronnet déposa, au nom du gouvernement, à la Chambre des pairs, le projet de loi dit des successions, il disait, lui aussi, dans son exposé des motifs « qu'il était temps de mettre un terme à la mobilité de la propriété foncière, de fonder et de conserver les familles et de raffermir ainsi les bases de la société ». Sa conclusion était le rétablissement du droit d'aînesse, par l'attribution au premier né des enfants mâles de la quotité disponible, dans le cas où le père mourrait sans avoir fait de donation ou de testament.

On sait l'émotion profonde qui s'empara du pays à la nouvelle de la présentation de ce projet de loi ; aussi lorsque, le 7 avril, la loi fut repoussée, par 120 voix contre 94, ce fut une allégresse générale. « Le public, dit M. Duvergier de Hauranne, voyait dans le rejet du projet de loi la défaite de la contre-révolution. Aussi la joie éclatait-elle par des illuminations et des transparents, par des feux de joie et des pétards sur les places publiques, par des promenades et des rassemblements où retentissaient les cris de : « Vive la Chambre des pairs ! Vive la charte ! »

Quel est le gouvernement qui, à l'heure actuelle, serait disposé à s'embarquer dans une pareille galère ?

Au surplus, pourquoi demande-t-on la liberté testamentaire ? pour empêcher la propriété de se morceler à l'infini, de tomber en poussière, comme on a dit, car on va répétant partout en manière d'axiome que les enfants sont moins nombreux à mesure que la propriété est plus divisée.

Mais il semble qu'avant d'arriver à ces conclusions, il faudrait démontrer d'abord d'une manière certaine l'influence néfaste de la propriété sur la limitation du nombre des enfants dans les familles. Enfin il ne serait peut-être pas mauvais de prouver que le sol de la

PAYS	FRÉQUENCE DES NAISSANCES ILLÉGITIMES (1878-82). Sur 1000 femmes non mariées de plus de 15 ans combien de naissances illégitimes en un an — mort-nés inclus	mort-nés exclus	Sur 1000 naissances (mort-nés inclus) combien d'illégitimes	(mort-nés exclus) combien d'illégitimes	FRÉQUENCE DES NAISSANCES. En général — Sur 1000 naissances combien de naissances vivantes en un an (1865-83)	Légitimes — Sur 1000 femmes mariées combien de naissances légitimes en un an (1878-82)	NUPTIALITÉ. Sur 1000 habitants combien de mariages en un an (1865-85)	Sur 1000 femmes non mariées de plus de 15 ans, combien de mariages en un an (1878-82)	DEGRÉ DE PRÉCOCITÉ DES MARIAGES (1865-83). Sur 1000 hommes se mariant combien ont moins de 25 ans	moins de 30 ans	Sur 1000 femmes se mariant combien ont moins de 20 ans	moins de 25 ans
I. — Pays dans lesquels la recherche de la paternité est interdite :												
France	11,9	10,9	76,4	73,9	25	115	7,8	44,6	271	646	212	603
Alsace-Lorraine	13,9	13,1	74,5	73,3	34	182	7,3	38,6	—	593	80	—
Belgique	14,8	13,9	78,4	77,1	31	164	7,1	36,4	225	572	64	421
Pays-Bas	7,2	6,6	31,0	30,1	36	209	8,0	46,2	266	603	—(1)	432
Italie	17,5	16,9	74,2	73,4	36	184	7,7	47,3	260	630	169	607
Roumanie	—	—	—	50,5	30	—	6,5	—	562	—	—	846
Grèce	—	1,8	—	9,9	28	152	6,1	39,0	—	—	—	—
Russie	—	—	—	28,1	49	—	9,4	—	685	808	580	842
II. — Pays dans lesquels la recherche de la paternité est permise :												
Espagne	—	—	—	56,6	30	—	7,3	—	384	—	—	612
Suisse (1)	7,9	7,4	47,9	46,7	30	176	7,4	36,6	265	579	88	475
Allemagne (1)	21,7	20,6	89,6	88,7	39	202	8,4	46,3	—	—	—	—
Prusse (1)	19,3	18,2	78,4	77,1	39	205	8,6	45,3	—	677	103	—
Saxe	36,1	34,8	127,6	126,7	42	204	9,2	48,0	347	730	107	558
Thuringe	—	—	104,7	103,3	37	—	8,9	—	351	732	115	607
Bavière	30,6	29,5	131,5	131,6	39	201	8,4	41,0	188	556	64	418
Wurtemberg	21,6	20,7	86,2	85,8	43	216	8,3	38,5	144	568	42	398
Bade	16,3	15,6	75,2	74,8	38	203	8,2	40,0	160	596	53	451
Autriche cisleithane	34,3	33,0	145,2	143,5	38	187	8,5	46,8	208	626	181	466
Hongrie	25,3	24,1	—	78,1	43	141	10,3	70,0	317	774	360	703
Croatie-Slavonie	—	—	—	56,9	45	—	10,6	—	476	720	467	705
Serbie	—	—	—	80,0	44	—	12,4	—	—(1)	—	—	—
Finlande	16,1	15,3	—	71,9	35	196	8,0	44,1	349	669	155	556
Suède	17,1	15,8	101,2	101,0	30	160	6,5	33,7	283	590	55	397
Norvège	15,5	14,6	88,4	82,0	31	186	6,9	39,1	285	638	82	474
Danemark	21,0	20,3	102,0	101,0	31	167	7,8	47,2	209	591	61	422
Angleterre et Galles	—	10,3	—	48,2	35	190	8,1	46,4	513	767	144	641
Écosse	—	15,1	—	84,2	35	205	7,1	35,6	423	720	134	591
Irlande	—	3,1	—	25,0	26	177	4,8	21,7	326	691	135	625
Massachussets	—	—	—	17,5	26	—	9,4	—	400	712	189	636
Vermont	—	—	—	8,6	—	—	8,4	—	441	710	990	703
Connecticut	—	—	—	10,8	24	—	8,3	—	—	712	164	—
Rhode Island	—	—	—	8,5	23	—	9,7	—	427	716	228	644

(1) La recherche de la paternité est interdite dans une partie de ce pays.

France est divisé à l'infini. Sur tous ces points, il faut se garder des opinions toutes faites, qu'on se passe facilement de bouche en bouche; mieux vaut consulter la froide statistique.

En effet, si on compare la distribution géographique du nombre des enfants par famille aux résultats fournis par la dernière enquête décennale sur l'état de l'agriculture, on arrive à des conclusions absolument négatives au sujet de l'influence de la propriété sur la fécondité des ménages. On voit les régions où les propriétaires agricoles forment le fond de la population présenter indifféremment tantôt beaucoup, tantôt peu d'enfants. C'est ainsi que les populations essentiellement agricoles de la Normandie, du Maine, de l'Anjou, de la Bourgogne et de la Gascogne ont peu d'enfants, tandis que celles de la région des Pyrénées et du plateau central où l'élément propriétaire est numériquement aussi puissant se distinguent par une forte natalité. Mais, si les propriétaires sont proportionnellement aussi nombreux en Normandie, par exemple, qu'en Auvergne, le degré de richesse, d'aisance même, est notablement différent, et c'est là, je l'ai dit, un facteur dont il faut tenir le plus grand compte.

Donc le propriétaire n'est pas, *ipso facto*, un pauvre d'enfants.

En ce qui concerne la division de la propriété, le petit tableau ci-dessous nous indique exactement ce qu'il en est. Nous voyons en effet que sur 14 millions de cotes, 10 millions, soit 74 pour 100, représentent des propriétés de moins de 2 hectares. — Vous voyez bien, disent nos contradicteurs, que le sol de la France est atteint de la divisiomanie poussée jusqu'à l'absurde. Je répondrai par la lecture de la colonne qui nous indique quelle place tiennent au soleil ces 74 pour 100 de cotes. On voit alors que, si de loin c'est quelque chose, de près cela n'est rien : ces 14 millions de cotes occupent tout juste 10 pour 100 de notre sol.

Voilà qui me paraît absolument démonstratif, et je ne m'attarderai pas davantage sur ce sujet; je me bornerai au surplus à conclure avec M. de Foville :

« 1° Que les partages successoraux ne sont pas chez nous l'agent principal du morcellement de la propriété;

DÉSIGNATION DES GROUPES.	NOMBRE DE COTES		CONTENANCES IMPOSABLES.	
	NOMBRES absolus.	PARTS proportionnelles pour 100.	NOMBRE d'hectares.	PARTS proportionnelles pour 100.
Très petite propriété (de 0 à 2 hectares)..............	10,426,368	74,09	5,211,456	10,53
Petite propriété (de 2 à 6 hectares)...............	2,174,188	15,47	7,543,347	15,26
Moyenne propriété (de 6 à 50 hectares)...............	1,351,499	9,58	19,217,902	38,94
Grande propriété (de 50 à 200 hectares)...............	105,070	0,74	9,398,037	19,04
Très grande propriété (plus de 200 hectares).............	17,676	0,12	8,017,542	16,23
	14,074,801	100 »	49,388,304	100 »

« 2° Que le morcellement a encore de grands progrès à faire sur bien des points, avant que ses inconvénients puissent égaler ses avantages ;

« 3° Enfin que, là où la division de la propriété avait été poussée trop loin, la réaction a commencé d'elle-même, et que le mal y aurait été vite réparé si le fisc ne retirait pas, en fait, à la propriété foncière une partie de la mobilité que la loi lui concède.

« Enfin, quand nous nous tromperions à cet égard, il faut bien reconnaître que la réforme appelée par

tant de voix éloquentes serait aujourd'hui fort illusoire.
Pour qu'une institution puisse être fructueuse, il ne
suffit pas qu'elle existe sur le papier, il faut qu'elle
fonctionne. Or la grande majorité des pères de famille
français n'usent même pas du droit qu'ils auraient de
faire des parts inégales. Celui qui a deux, trois, quatre
enfants, serait libre de donner à l'aîné le double de ce
qu'il est forcé de laisser à chacun des autres et, presque
toujours, il croit devoir se l'interdire par simple esprit
d'équité. L'intérêt du propriétaire ou de l'exploitant
s'efface chez lui devant des considérations d'un ordre
supérieur. Vis-à-vis de tous ceux qu'il a appelés à la
vie, le testateur se sent d'égales obligations, et sa con-
science proteste contre cette sorte de politique dynas-
tique qui impliquerait des inégalités de traitement
entre frères et sœurs.

« Les mœurs étant ainsi devenues plus égalitaires
encore que la loi, nous croyons que le jour où la liberté
de tester serait étendue au père de famille, la France
économique ne s'en apercevrait guère. »

J'en ai fini avec les réformes sociales à demander à
l'État ; il ne nous reste plus pour terminer qu'à signaler
une tentative très généreuse faite par un simple parti-
culier pour augmenter la natalité.

Un de nos amis conçut le projet de donner une prime
en argent aux mères de famille d'une petite commune
où il avait l'habitude de passer ses vacances. A leur
premier-né, elles recevraient cent francs ; au deuxième,
deux cents francs ; au troisième, trois cents francs, et
ainsi de suite, avec une augmentation de cent francs à
chaque nouvel enfant. L'expérience fut continuée pendant six années consécutives, et mon ami constata que
le nombre des naissances n'éprouva pendant ce temps
aucune augmentation ; la natalité resta pendant toute
la durée de l'expérience ce qu'elle était avant.

Mon ami, direz-vous, en fut donc pour son argent ;

fort heureusement non, et il eut la satisfaction de voir que son argent n'avait pas été perdu. En effet, mon ami, en homme avisé qu'il est, avait eu la précaution de ne donner que la moitié de la somme promise le jour de la naissance de l'enfant, et de stipuler que la seconde moitié serait payée le jour où l'enfant aurait un an accompli. Or il advint que, pour gagner la deuxième partie de la prime, nombre de mères prirent grand soin de leurs enfants, si bien que la mortalité des bébés diminua.

Mon ami pensait avoir une action sur la natalité, et il se trouva, qu'en fin de compte, c'est sur la mortalité qu'il avait remporté la victoire. En somme, le résultat fut celui qu'il avait souhaité, puisque la population de sa commune avait augmenté.

Cette expérience est intéressante, en ce qu'elle nous montre bien dans quelle voie il faut s'engager pour essayer de lutter contre la lenteur du développement de notre population.

C'est chimère que de vouloir faire faire des enfants à des gens qui n'en veulent pas. Mais c'est un objectif très possible à atteindre que celui qui consiste à empêcher de mourir ceux que nous possédons.

En un mot, il faut pousser non à la propagation de l'espèce, car nous sommes absolument impuissants de ce côté, mais il faut tout faire pour économiser les vies humaines que nous avons.

Pour atteindre ce but, le concours de tous est nécessaire. Aux médecins de travailler au développement de l'hygiène publique et privée ; aux administrateurs d'organiser l'assistance publique, surtout dans les campagnes, et de veiller à la protection de l'enfance.

C'est surtout sur ce dernier point que nous devons concentrer tous nos efforts. La loi de 1874, que nous devons à la généreuse initiative de M. Théophile Roussel, est encore mal connue, mal comprise et partant

mal exécutée, malgré les efforts persistants de l'administration supérieure. Et c'est à vous, Mesdames, que
je m'adresse surtout pour aider à la propagation, à l'efficacité de cette loi. Il faut, Mesdames, que vous accep-
tiez de faire partie des comités locaux chargés de venir
en aide à l'Administration ; il faut que faisant partie de
ces comités vous remplissiez les devoirs qui vous in-
combent. Une visite de votre part, un conseil appuyé
d'une pièce de monnaie ou d'un petit cadeau, voilà
certes une tâche qui n'est pas au-dessus de votre dé-
vouement. Et lorsque vous aurez fait cela, non seulement vous aurez le plaisir d'avoir fait quelque chose
pour ces bébés que vous aimez tant ; non seulement
vous aurez la satisfaction d'avoir accompli votre devoir,
mais encore, sachez-le bien, vous aurez travaillé de la
manière la plus efficace à la grandeur de la patrie.

Paris. — Maison Quantin, 7, rue Saint-Benoît.

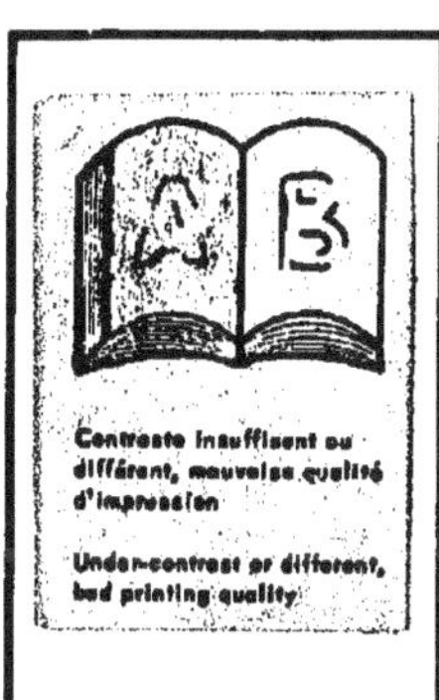

Contraste insuffisant ou différent, mauvaise qualité d'impression

Under-contrast or different, bad printing quality

9 782013 457873